"十四五"职业教育部委级规划教材

职业生涯规划与发展指南

ZHIYE SHENGYA GUIHUA YU
FAZHAN ZHINAN

杨华枝 主编

石全玉 副主编

中国纺织出版社有限公司

内 容 提 要

现代职业教育发展如火如荼,《职业教育法》(修订版)指出"将新技术、新工艺、新理念纳入职业学校教材",《高等学校课程思政建设指导纲要》进一步指出"要紧紧抓住课程建设'主战场'"。这为新时代职业教育教材改革指明了方向。

本教材内容包括三大模块、十四个单元、四十三个任务,结构上层次分明,关系上相互联系,课后设有"思政拓展",构成"学理论＋实演练＋课程思政"的教材框架。

本教材适用学习对象为高职生,既可以作为高职生的生涯规划、就业、创业指导教材,也可以作为同龄人的职业生涯规化指导用书。

图书在版编目（CIP）数据

职业生涯规划与发展指南 / 杨华枝主编 ；石全玉副主编. -- 北京：中国纺织出版社有限公司，2023. 10
"十四五"职业教育部委级规划教材
ISBN 978-7-5229-0715-4

Ⅰ. ①职… Ⅱ. ①杨… ②石… Ⅲ. ①职业选择-高等职业教育-教材 Ⅳ. ①G717. 38

中国国家版本馆CIP数据核字（2023）第120629号

责任编辑：华长印　朱昭霖　　责任校对：高　涵
责任印制：王艳丽

中国纺织出版社有限公司出版发行
地址：北京市朝阳区百子湾东里 A407 号楼　邮政编码：100124
销售电话：010—67004422　传真：010—87155801
http://www.c-textilep.com
中国纺织出版社天猫旗舰店
官方微博 http://weibo.com/2119887771
北京通天印刷有限责任公司　各地新华书店经销
2023 年 10 月第 1 版第 1 次印刷
开本：787×1092　1/16　印张：17
字数：252 千字　定价：69.80 元

凡购本书，如有缺页、倒页、脱页，由本社图书营销中心调换

职业生涯规划与发展指南
编委会名单

主　编　杨华枝

副主编　石全玉

成员（按姓氏笔画排序）

马嘉祯　吕　淼　刘春生　初　杰

杨艳萍　张海兰　赵薇薇　童珊珊

董　硕

CONTENTS

目　录

01

模块一

规划篇

单元一　职业与职业理想

任务一　职业与职业分类

经典寄语

职业种类繁多，可以根据自己所学专业，选择和认知自己未来要从事的职业。选择职业要慎重，因为职业成就人生，人生完善职业。此外，在这个伟大的时代，青年学子应该树立崇高而坚定的职业理想，做一个"有理想、有本领、有担当"的人，做一个对国家、民族和人民有用的人，书写自己的精彩人生。

故事探微

职业选择的困惑

职业院校的特色之一就是专业注重实践，学生毕业后就能立即上手。也正因如此，在某某职业学院读书的赵文强、李宜东、臧辉三位同学，在临近毕业选择职业时，因为职业种类的繁多，产生了职业选择困惑。

原来，这三位同学在校期间，学习刻苦，除了学习自己的专业外，根据自己的爱好和兴趣，又相继自修了其他技能，赵文强自修了摄影、绘画，李宜东自修了短视频编辑、文本写作，臧辉自修了酒店管理、美食制作。加上他们所学的专业，每位同学至少掌握了三种专业技能，所以临近毕业时产生了职业选择困惑。

后来，这三位同学找到就业指导老师，把自己的苦恼和困惑向老师诉说。就业指导老师在听取三位同学的实际情况

笔记处

后，给他们的建议如下。

利用最高原则，即根据自己所掌握的水平最高的技能选择工作。不管自己掌握几种技能技术，一定有一种技能是最好的，就按照最好的技术选择工作。

利用需求原则，即根据自己所掌握的在当地更好就业的技能选择工作。有时候自己所掌握的技能只是一种兴趣而已，并不具备从业的要求和条件。因此，不能把爱好作为职业选择的标准，应该根据当地的职场需求进行选择。

利用证书原则，即根据自己所掌握的技能有没有技能证书的要求选择工作。当今几乎所有的职业都需要专业技术资格，由于学生掌握信息不对称，可能不能及时考取相关的职业技能证书，这样在选择职业时就会大打折扣。

以上三种选择职业的原则，既可以选择一种使用，也可以综合运用。如果某一种技能同时具备了三个原则，那么这种技能就是要选择的职业。最后，在就业老师的指导下，三位同学都轻松地找到了自己心仪的工作。

问题思考

1. 阅读故事后，你认为职业是什么？
2. 职业分类的意义是什么？

知识殿堂

现代社会中，职业构成了人们生命和生活方式的中心，是人生意义的寄托和媒介。可以说，生活中的方方面面都是围绕"职业"二字展开的。

笔记处

一、职业的概念

关于职业的含义，我国古代就有探索和界定。早在《国语·鲁语》中就说到："昔武王克商，通道于九夷百蛮，使各以其方贿来贡，使无忘职业。"虽然此处的"职业"与今义略有不同，但也说明了要把分内之事做好。随着社会分工和科学技术的发展，职业才有了固定的对象。

我国学者吴国存从社会学的角度，认为职业是一种社会位置，个人取得这种位置的途径可能是通过社会资源的继承或社会资源的获取，但是职业不是继承性的，而是获得性的，是个人进入社会生产过程之后获得的。❶还有学者认为，职业是指人们在社会生活中所从事的以获得物质报酬作为自己主要生活来源并能满足自己精神需求的、在社会分工中具有专门技能的工作。❷

学者的探讨都离不开劳动、报酬等字眼，说明了职业必须是通过劳动获得报酬的过程。因此，我们认为职业是通过劳动者进行合法的、获取稳定报酬的专业性活动。在这里，"劳动者"是社会给予个体的角色定位，"合法的"说明了违法的劳动不属于职业，"稳定报酬"说明只要参与了劳动，就必须获取报酬，这是劳动者的权力，"专业性"说明在现代性社会中知识、技能、创造创新对所从事劳动的重要性，"活动"说明了劳动的范围，凡是获取报酬的劳动都是活动的一部分。

二、了解职业分类及其意义

（一）职业分类

所谓职业分类，是指按一定的规则、标准及方法，按照职业的性质和特点，把一般特征和本质特征相同或相似的社会职业，统一归纳到一定类别系统中的过程。《中华人民共和国职业分类大典》（2022版）将我国职业归为8个大类、79个中类、449个小类、1636个细类

---

❶ 徐笑君. 职业生涯规划与管理［M］. 成都：四川人民出版社，2008：6.
❷ 周宏岩，苏文平. 大学生职业生涯规划就业指导［M］. 北京：化学工业出版社，2008：2.

笔记处

（职业）、2967个工种。其中绿色职业133个、数字职业97个，既是绿色职业又是数字职业23个。

8个大类分别是：

（1）党的机关、国家机关、群众团体和社会组织、企事业单位负责人。

（2）专业技术人员。

（3）办事人员和有关人员。

（4）社会生产服务和生活服务人员。

（5）农、林、牧、渔业生产及辅助人员。

（6）生产制造及有关人员。

（7）军队人员。

（8）不便分类的其他从业人员。

（二）了解职业类型的意义

在校高职学生作为一个准职业人，了解职业类型的意义在于以下三个方面。

1.利于专业和职业的选择

全面客观地了解现阶段我国社会职业结构状况，便于我们选择专业或职业。高中毕业生在进行志愿填报时如果能够了解这一点，选择专业时就不会盲目地选择所谓的热门专业。职场人士了解职业类型的意义也能更好地知道自己努力的方向。

2.认识技术和技能的重要性

认识职业类型，了解技术型或技能型职业在社会中占主导地位，对于个人发展至关重要。例如，60.88%的职业以技术型或技能型操作为主，所以每个人至少要掌握一门或两门技术，会为职业空间和职业发展提供广阔的可能性。

3.认识高新技术的未来

了解到知识型与高新技术型职业特点。该类职业属于高精尖职业，要求从业者具有较高的素质。因此，对于求职者而言，适当规避该类职业或者把自己所掌握的技术技能向高精尖发展，否则不但不能取得较大的成就，反而会拖累自己的职业发展。

笔记处

职业种类探索

参考职业分类标准，结合实际情况，把亲朋好友所从事的职业种类逐一列出（至少列出10种），然后与自己所学专业技能进行比较，写出对职业的看法。

职业种类

职业种类1：

职业种类2：

职业种类3：

职业种类4：

职业种类5：

职业种类6：

职业种类7：

职业种类8：

职业种类9：

职业种类10：

自身所学专业：

自身对职业的看法：

任务二　职业与人生

经典寄语

　　人生有无数次选择，但如果错选一小步，可能会使自己的整个人生转向。那么，我们应该选择什么样的人生呢？无数人生成功的事实表明，人生选择应该遵循四个标准：一是吃苦耐劳的思想，没有吃苦就没有收获；二是奉献精神，有了奉献才能彰显高尚；三是顽强的意志，有了进取意志就能迎接一切困难与挑战；四是健康的心理，有了健康的心理素质，就能做到宠辱不惊。这四个标准都可以在平凡的职业中得到体现。因此，干好工作，做好自己的事情，走好每一步，方能始终保持乐观向上的精神状态，使人生获得升华和超越。

故事探微

不向命运屈服

　　小辉是我院21级计算机专业的一名学生，该生患有先天小儿麻痹症，导致腿弯，说话吐词不清，但就是这样一个学生，给我留下了深刻的印象，极大地震撼了我。

　　尽管小辉先天残疾，但没有向命运低头和屈服，而是把自己锻炼得非常顽强，充满斗志。课堂上，我和学生互动时，小辉总是第一个站起来进行互动，虽然我和其他同学不太容易听清小辉所说的话，但小辉还是大胆地站起来。对于这种情况，我极力鼓励他、表扬他。小辉在我的鼓励下，对我产生了极大的信任。课下他也经常和我一起探讨问题。小辉学习非常努力，两年来在班里的成绩都是第一名，年年都能拿到一等奖学金，成为同学们学习的榜样。我每天都能看到小辉在操场上锻炼，之后我和他一起运动，建立了亦师亦友的关系。

笔记处

小辉给我谈了他的理想，他说未来一定把自己的所学贡献给社会，不管上天给他一个什么样的躯体，既不会虚度光阴，也不会向命运屈服，在工作中找到自己的价值。

问题思考

1.我们作为人，为什么而活？

2.职业与人生的关系是什么？

知识殿堂

人生是一段酸甜苦辣咸五味翻腾的旅程，是一首常品常新的诗，是一幅色彩斑斓的画卷……每个人都想演绎自己精彩的人生，追求快乐、幸福，享受惬意。那么，怎样拥有一个成功、快乐、美好的人生？这些绝大部分需要在职业平台上实现。虽然职业不是一个人生活的全部，但职业却是生命和生活方式的中心，是一个人生活的核心和重要保障，对人的一生有重大影响，对人生具有重大的意义。

一、提供基本生活保障

对于大多数人而言，一份稳定的职业意味着给自己提供了最基本的生活保障，工作越好越能给自己提供更好的物质基础。对大多数人来说，在一生中花费在工作中的时间和精力要多于其他任何事情。此外，职业收入影响业余生活，关系到自我认同感，还制约着绝大部分的生理和心理的幸福感。

二、体现人生价值与追求

每一个人都有自己的理想、梦想，而这些都需要在一个平台上、一个团队中才能更好地实现。任何一份职业都能给我们提供这样的平

笔记处

台，这个平台可以促使自己投入全部精力，以充分发挥自己的特长，实现自己的理想和梦想。

三、锻炼个人的责任与担当

作为一名社会人员，就应该承担相应的责任，不管是对国家、社会，还是对企业、家庭，所有的责任和担当都是从一份职业开始的。工作可以界定人，决定了一个人大部分的生活习惯和身心健康。

四、拓展人脉关系

从事职业的过程是一个拓展人脉关系的过程。通过从事的职业，可以和形形色色的人打交道，在这里可以认识不同圈子、不同行业、不同单位的各种人，当然也可以遇到能聊到一起、有共同追求的朋友。随着不断交往，会逐步拓展自己的人脉关系。人与人之间的复杂关系形成了社会，同事、领导、客户之间的关系形成了职场圈子。这些人如果相处得很好，能够在思想上合得来，在行动上合拍，便会逐步产生延伸，形成一个更大的交集。

思政拓展

和父母谈职业

找一个合适的机会，和父母进行一次深切的交流，用简洁的语言写下自己父母的职业生涯历程，同时畅想自己即将开始的职业生涯历程。

父亲的职业生涯历程：

笔记处

母亲的职业生涯历程：

_____

_____

_____

_____

_____

_____

_____

_____

_____

_____

自己即将开始的职业生涯历程：

_____

_____

_____

_____

_____

_____

_____

_____

_____

_____

笔记处

任务三　职业理想

经典寄语

　　职业理想是实现一切理想的基础和前提。如果要想实现自己的生活理想，甚至道德理想和社会理想，就不能不考虑职业理想。人生发展的目标通过职业理想来确立，并最终通过职业理想来实现。如果树立了职业理想，无论是在顺境还是在逆境，都会奋发进取，勇往直前，都会使自己坚持不懈，奋斗不止，最终实现自己的目标，铸就人生的意义。

故事探微

郑雯的职业理想[1]

　　13岁时，郑雯还是一个初中生，在父母设定的框架下成长。那一年，表姐从日本学完调酒回来，在她面前表演了一番。花式的动作、绚丽的弧线，郑雯看得如痴如醉。这短暂的一刻，改变了她的想法乃至人生。几年后，郑雯为了实现自己成为调酒师的梦想，顶住家人的压力，放弃了高考。而经过多年的努力，她已成为全国知名的调酒师。

　　有人问郑雯，如何评判一个花式调酒师是否优秀？"看他对这个行业的贡献，能否用一杯精心调制的鸡尾酒带给顾客好的体验。"她同时指出了一些人的错误看法，他们认为抛接的瓶子越多，调酒师的水平越高，"花哨动作只是招揽顾客的手段，一杯酒的优劣与调酒师玩多少瓶子没有关系，顾客最在意的还是酒的口感。"

　　调酒师的工作，远不是字面意义上的"调酒"那么简单。郑雯的老师胡永强出了一本教材，书中归纳了26项技

笔记处

[1] 蒋乃平. 职业生涯规划［M］. 北京：高等教育出版社，2013：22-24.

能，包括清洁杯具与吧台，制作果盘、英式调酒与花式调酒的技法、品酒等。

要品酒，必须得认识酒标，对任何一名调酒师来说，这都不是一件容易的事。郑雯的外语功底不行，但学起专业词汇来蛮有天分，不服输的脾气加上肯钻研的毅力，现在基本上没什么酒标能够难倒她。

出道至今，郑雯最爱做的就是彩虹酒：把红石榴糖浆、绿薄荷利口酒、蓝色香橙利口酒等7种酒依次倒进酒杯，利用不同酒的糖分比重差异，形成色彩斑斓的视觉效果。郑雯说这款酒对自己影响最大，或许与自己的成长经历有关。人生的各个阶段都有不一样的色彩，犹如彩虹一般，而每种色彩代表了不同时期的喜怒哀乐。

而随着西方酒文化的代表元素——鸡尾酒被越来越多的中国人所熟知。郑雯开始研究中国特色的鸡尾酒，她的愿望很纯粹——"让大家知道，我们中国人也有自己的调酒，而且不比西方人差"。

"鸡尾酒本来就没有想象得那么复杂，生活中很普通的饮品都可以拿来调酒。"郑雯希望"降低消费门槛，让更多的人可以品尝鸡尾酒，有机会走近调酒师"。

现在年纪轻轻的郑雯带了很多学生，教他们调酒知识。"那么多学生看着我，我想成为一个成功的职业榜样。"郑雯付出了很多，也得到了相应的回报。

问题思考

1. 郑雯有没有迷茫和困惑？体现在哪里？

2. 我们应该树立怎样的职业理想？

笔记处

🗨 知识殿堂

一、职业理想的内涵

理想是人们在实践中形成的、有实现可能性的、对未来社会和自身发展目标的向往与追求，是人们的世界观、人生观和价值观在奋斗目标上的集中体现。❶根据不同的标准，理想一般分为个人理想和社会理想、近期理想和远期理想、职业理想、生活理想、道德理想和政治理想等。作为未来的职业人，我们一定要有正确的职业理想。

职业理想是人们在职业上依据社会要求和个人条件，借想象而确立的奋斗目标，即个人渴望达到的职业境界，是个人对未来职业的向往和追求，是职业生涯发展的动力。它是实现个人生活理想、道德理想和社会理想的手段，并受社会理想的制约。有了正确的职业理想，才能展望未来、珍惜现在，才能自觉地、目标明确地锤炼和提高自己，为我们努力的方向激发出坚定的意志，产生一种责任感、紧迫感、自豪感、光荣感，成为我们的精神支柱和力量源泉，激励我们持久、自觉地追求既定目标。

二、职业理想的特点

（一）社会性

从业者通过自己的职业履行公民对社会应尽的义务，每种职业都有其特定的社会责任。职业理想的实现取决于一定的社会因素，社会稳定、经济发展，个人才有可能去追求职业理想的实现。

（二）时代性

生产方式越先进，社会经济越发达，社会分工越精细，职业种类越多样，科学技术越进步，职业演化越迅速，人们选择职业的机会就越多。个人的职业理想既要符合时代的进步，又要适应职业所在行业的发展趋势和职业演变、岗位晋升的内在规律。

笔记处

---

❶ 本书编写组.思想道德修养与法律基础（2018年版）[M].北京：高等教育出版社，2018：29.

（三）发展性

一个人的职业理想的内容会因时因地因事的不同而变化。随着年龄的增长、社会阅历的增加、知识水平的提高，职业理想会由朦胧变得清晰，由幻想变得理智，由波动变得稳定。因此，职业理想具有一定的发展性。

（四）个体差异性

职业是多样性的，一个人选择什么样的职业，与思想品德、知识结构、能力水平、兴趣爱好等有很大的关系。知识结构、能力水平会影响职业理想的层次，思想政治觉悟、道德修养水准及人生观、价值观会影响职业理想的方向，个人的兴趣爱好、气质性格等非智力因素以及性别特征、身体状况等生理特征也影响着一个人的职业选择。只有从自身实际出发，选择适合自己的职业理想，才是最好的职业理想。

思政拓展

探寻自己的职业理想

职业理想要具体

一是要有明确的努力方向，自己的职业理想必须明确，不能朝三暮四。二是要有明确的职业岗位，职业岗位一旦明确，就尽量不要改。三是要有明确的晋升阶梯，选择技术晋升阶梯，或者管理晋升阶梯。

你是否明确自己的具体情况呢？请写在下面横线上。

努力方向：

职业岗位：

晋升阶梯：

笔记处

职业理想要现实

一是了解自身实际，对自己的性格、兴趣、能力、职业价值观、行为等要深入了解。二是了解就业形势，对就业环境、就业政策、就业趋势等要做全面了解。三是了解职业环境，要对职业环境进行工作环境、福利待遇、晋升机会、人际关系等方面的了解。

把自己所了解的情况写在横线上。

自身实际：

就业形势：

职业环境：

职业理想要务实

一是看一看自己的职业目标有没有脱离实际。二是看一看有没有保证职业目标实现的措施。

查看后，请把自己的情况写在下面横线上。

是否脱离实际：

是否有保障措施：

单元二　职业生涯与职业生涯规划概述

任务一　职业生涯的内涵及特点

经典寄语

职业的最高境界，是由职业而上升到事业，古人云：举而措之天下之民，谓之事业。那么，怎么才算是取得事业成功呢？方法之一就是进行科学的职业生涯规划，因为科学规划自己的生涯，能够充分挖掘自身潜力，汇集所有资源。

故事探微

一个职业生的成长

王莉菲是一个文静的女孩，是本院传媒系动画专业临近毕业的三年级学生。自从进入本院后，她及时做了职业规划，并取得了优异成绩，在各方面都获得了成长。

王莉菲进入职业学院时，失落了一段时间。因为按照她的实力，可以就读本科，但由于志愿填报失误，导致自己只能读专科。进入学院后，她对入学教育老师讲到的职业生涯规划很感兴趣，于是就在老师的指导下，制定了自己的职业生涯规划。正是有了这个职业生涯规划，临近毕业的她，不但没有悲伤，反而感到很骄傲。这三年来，王莉菲见证了自己的成长。

成长一：参加班级管理。王莉菲在本班担任了团支部书记，通过在团支部的工作，她不仅及时了解了国家大事，并且为自己入党做好了铺垫。由于工作成绩出色，她在大二下

笔记处

学期光荣地加入中国共产党，成为一名光荣的中国共产党预备党员，并连续获得优秀班干部、优秀团员的荣誉称号。

成长二：加入学生会。经过一年的锻炼，王莉菲成为学生会女生部部长。由于专门做女生工作，她常常邀请医院医生来院为女生做专题讲座。这就为该生扩展了人脉，为走向社会奠定了良好的基础。

成长三：获得奖学金。王莉菲并没有因为参加班级管理和学生会而耽误学业，她家境贫寒，三年来，她努力学习，成绩优异，共获得三次一等奖学金、一次励志奖学金和一次国家奖学金。

成长四：实习中崭露头角。王莉菲在实习过程中，由于打下的坚实的绘画功底，其绘画水平被实习单位看中，决定重点培养，还没有毕业，就已经与实习单位签订了用工合同。

从王莉菲的职业成长来看，高职生也能做得很好。进入大学后，进行及时合理的职业生涯规划，并采取有效措施，把自己想要做的事情逐一落实，就能取得骄人的成绩。

💬 问题思考

1. 从王莉菲的成长中，你能体会到职业生涯是什么吗？
2. 职业生涯与人生的关系是怎样的？

💬 知识殿堂

党的二十大报告指出："青年强，则国家强。当代中国青年生逢其时，施展才十的舞台九比广阔，实现梦想的前景无比光明。"[1] 报告

笔记处

---

[1] 本书编写组.党的二十大报告学习辅导百问［M］. 北京：党建读物出版社、学习出版社，2022：53.

指出了青年在国家和民族发展中所起的作用，并给青年指出了跟着时代走的重要性。同时，党的二十大报告告诫广大青年要想实现自己的梦想，就要"坚定不移听党话、跟党走，怀抱梦想又脚踏实地，敢想敢为又善作善成，立志做有理想、敢担当、能吃苦、肯奋斗的新时代好青年，让青春在全面建设社会主义现代化国家的火热实践中绽放绚丽之花。"❶谆谆告诫，殷切期望，满是真诚，时代机遇已然来到，成长平台已然搭建，青年学子应该紧紧抓住机遇，认真学习，奋力拼搏，在广阔的职业舞台上，规划好自己的职业生涯，舞出自己绚烂的人生。

一、生涯的内涵

关于生涯的解释，中外有不同的理解和解释。

《辞海》对"生涯"有三种解释，第一，指一生的极限，如沈炯《独酌谣》："生涯本漫漫，神理暂超超。"第二，指生活，如刘长卿《过湖南羊处士别业》："杜门成白首，湖上寄生涯。"第三，指生计，如马致远《汉宫秋》："番家无产业，弓矢是生涯。"❷《新华字典》的解释为，生涯是指从事某种活动或职业的生活，指人生的发展道路。❸

国外也对"生涯"进行了内涵界定。美国国家生涯发展协会将生涯定义为，个人通过从事工作所创造出的一个有目的的，延续一定时间的生活模式。职业心理学家舒伯提出，生涯是生活中的各种事件的演进方向和历程，生涯整合了人一生中依序发展的各种职业和生活的角色，它不仅包括职业角色，也包括和工作有关的其他角色，如学生、家长、配偶、公民、休闲等。生涯理论学者施恩明确指出，生涯的广度，即人生的生命历程，是由三个旋律交织、激荡而成的，包括工作、职业或事业，情感、婚姻或家庭，个人的自我成长和身心发展。麦克弗兰德认为，生涯是一

---

❶ 本书编写组. 党的二十大报告学习辅导百问［M］. 北京：党建读物出版社、学习出版社，2022：53.

❷ 辞海［M］. 上海：上海辞书出版社，1990：1945.

❸ 新华字典（修订本）［M］. 北京：商务印书馆，1996：1131.

笔记处

个人依据心中的长期目标所形成的一系列工作选择，以及相关的教育或训练活动，是由计划的职业发展历程。韦伯斯特认为，生涯指个人一生、职业社会和人际关系的总称，即个人终生发展的历程。从以上观点可以看出，生涯是指与个人终生从事的工作或者职业等有关的活动过程。

可见，生涯是指个人在特定的历史和情景之上，所经历过的或演变过的各种角色的一种工作方式或生活方式。

二、职业生涯的内涵

职业生涯不是一个独立的概念，而是一个整体的概念，它涉及人生整体发展的各个层面，要求我们用联系的、发展的、辩证的、动态的眼光审视职业生涯。

中国学者林幸台认为，职业生涯包括个人一生中所从事的工作，以及所担任的职务、角色，同时涉及其他非工作或非职业的活动和个人生活中衣食住行、娱乐各方面的活动或经验。麦克·法兰德认为，职业生涯是指一个人依据理想的长期目标，所形成的一系列工作选择，以及相关的教育或训练活动，是有计划的职业发展历程。萨帕认为，职业生涯是指一个人终生经历的所有职位的整体历程，是生活中多种事件的演进方向和历程，是个人独特的自我发展形态；它也是人生自青春期至退休所有有酬或无酬的职位综合，除职位外，还包括与工作有关的各种角色。

从中外学者的研究中，我们认为职业生涯是以心理开发、生理开发、智力开发、技能开发、伦理开发等人的潜能开发为基础，以工作内容的确定或变化，工作业绩的评价，工资待遇，职称、职务的变动为主要标志，以有偿的或无偿的或志愿的活动为形式，以满足需求为目标的工作经历和内心体验的经历，是个体的行为，而非群体或组织的行为。

三、职业生涯的特点

笔记处

职业生涯是以"工作"为中心的历程，即从进入工作的一段历程。因此，职业生涯具有以下特点。

（一）独特性

独特性指每个人的职业生涯都是独一无二的。职业生涯是个人依据其人生目标，为了自我实现而逐渐展开的一段独特的生命历程。不同的人有不同的特质以及不同的追求，所以每个人有着不同于他人的职业发展经历。从发展形态来看，允许有些人在职业生涯发展形态上有着相似的地方，但是其过程可能是完全不同的。职业生涯的独特性决定了并不存在一条适合所有人发展的职业道路，每个人应该根据自己的特点选择一条适合自己发展的职业道路。

（二）发展性

发展性指个体从低级向高级不断递进的过程。因此，职业生涯是一个动态的发展过程，个人在不同的人生发展阶段会有不同的诉求，这些诉求不断地在工作生活中表达出来，并寻求满足。个人正是通过这些诉求表达，而成为个体职业生涯的主动塑造者。

（三）内在性与外在性

职业生涯的内在性指职业生涯发展表现在观念更新、心理素质提高、技能提升、经验丰富等内在因素上。职业生涯的外在性指职业生涯发展表现在职位提升、待遇提高、工作环境改善、工作权限增加等外在因素上。这两者并不是孤立的，而是相互联系的。内职业生涯的发展是外职业生涯发展的基础，而外职业生涯的发展又会促进内职业生涯的提升。只有内、外职业生涯同时发展，职业生涯发展之旅才能一帆风顺。

（四）互动性

互动性指不同事物之间的不断的相互碰撞而产生另外一个结果的过程。因此，个体的职业生涯，都是个人与他人、个人与环境、个人与社会的互动结果。个人的自我观念、主动性和能动性、个人掌握的社会职业信息和职业决策技术，对职业生涯有着重要的影响。

（五）相关性

相关性是与职业直接关联或间接关联的有关工作活动。在现代社会中，工作分为有酬的、无酬的、志愿的、休闲的等形式，无论哪种形式，都是职业生涯的一部分，如体育锻炼、旅游、爱好等休闲活动也是职业生涯的一部分，有时还是很重要的一部分。因此，在整个职业生涯中，学会调节、切换工作与休闲，不但不会影响工作，反而会给主体性工作带来意想不到的好处。

笔记处

思政拓展

顶岗实习中的"拦路虎"

高职生在求学期间，都有进行顶岗实习的环节。假如你在一家企业顶岗实习，结合自己所学职业生涯知识，思考下列问题，看一看在自己的职业生涯发展道路上，想一想预期会遇到哪些拦路虎，请你认真地写在下边的横线上。

顶岗实习中专业技术遇到的"拦路虎"

1.
2.
3.
4.
5.
6.

顶岗实习中人际关系遇到的"拦路虎"

1.
2.
3.
4.
5.
6.

顶岗实习中综合知识运用时遇到的"拦路虎"

1.
2.
3.
4.
5.
6.

笔记处

当你认真地写出来后，你一定很惊讶，原来在顶岗实习中会有这么多"拦路虎"。这时候你的大脑一定浮想联翩，好的，趁此机会，把这些想法写出来吧！如果你愿意，还可以与你身边的家人、老师、同学、朋友进行分享。

我的想法：

职业生涯规划与发展指南

笔记处

任务二　职业生涯规划的内涵及意义

经典寄语

　　一个人的未来怎么样，不取决于运气，也不取决于生存环境，而往往与自己的规划和行动有关。雕琢精彩职业生涯规划犹如雕刻精美艺术品，需要不断"如琢如磨"，精心设计。科学规划自己的职业生涯并付诸行动，定会有一个有意义的人生。

故事探微

她的高职三年规划，成为同学中的"名人"

　　王莉菲在高职三年中取得很大的成绩，成为同学中的"名人"。王莉菲之所以从一个懵懵懂懂的高中生成长为一个有知识、有技术、有技能的高职生，并带着傲人的成就走进社会，开始施展自己的理想抱负，离不开起初正确的职业生涯规划。现把她规划中的一个步骤（职业目标探索）节选如下。

　　虽然通过对王莉菲职业兴趣、性格、职业价值观和技能的探索，为她的职业发展目标提供了理论依据，但对测评结果所推荐的职业，王莉菲并不是特别喜欢。

　　针对此种情况，咨询师采用了"生涯幻游"的咨询工具，让王莉菲想象在未来的世界里，自己从事的第一份职业是什么，是否喜欢这个职业，在这个职业中做出了什么成绩，自己感觉有没有成就感。

　　"生涯幻游"结束后，王莉菲对咨询师说："在测试结果推荐的职业中有一个非常适合我，那就是插画师。因为在幻游中包围我的是我画的作品，我认识到画画就是在设计，通过幻游扭转了我以前为画而画的错误观念。因此，我对通过精心构思设计出来的每一幅作品，都感到一种莫大的满

笔记处

足感。"

一般情况下，在职业测评中所推荐的职业，总有适合自己的一个或者数个，但是有时候由于对职业的不理解，将导致职业目标无法准确定位，这时就必须采用一些生涯工具进一步引导来询者找寻适合自己的职业目标。王莉菲就属于这样一个来询者，她很满意自己的测试，但是很难确定自己的职业目标，其原因是对一些职业的误解和缺乏了解。通过"生涯幻游"非正式生涯工具，咨询师一步一步地帮助她找寻自己的职业目标，从而为确定王莉菲的职业目标打开新局面。

随后，咨询师又用同样的方法，告诉她除了插画师，所从事的第二个职业是什么，第三个职业是什么，以此类推，最后她找出几个职业目标。经过这样一个过程，王莉菲大吃一惊，她说自己从没有想过有那么多适合自己的职业。另外，为了能充分找寻自己的职业目标，除了推荐的职业外，咨询师又向她推荐了一批找寻职业信息的方法和地址，如一些综合招聘类网站，其中可以了解一些工作信息，包括工作环境、工作内容、技能要求、职业兴趣匹配度等。咨询师告诉她，综合自己的各种特征和生涯幻游的结果，对自己最适合的职业进行排序，来确定自己的职业定位。为了更好地了解这些职业目标，咨询将要结束时，咨询师给她布置了一项任务，即进行生涯人物访谈，并叮嘱她应注意的事项：

（1）访谈一位从事相关职业的资深或工作三年以上的工作者。

（2）访谈时不要有紧张情绪，以免影响访谈质量。

（3）访谈时间最好控制在30分钟以内，不宜过长，以免打乱被访者的工作安排。

（4）访谈要抓住重点，不必面面俱到。

（5）访谈先从熟悉的人开始，力求获取信息的客观性。

（6）访谈结束后，注意及时致谢。

对于性格内向的王莉菲来说，职业生涯人物访谈有一定难度，咨询师告诉她，之所以让她进行这项工作，基于两方面的原因，一是通过获取直接信息，能够更好地了解职业目标，为清晰的生涯决策打下良好的基础；二是锻炼自己，使自己的职业生涯充满绚烂的色彩。因此，她欣然同意访谈生涯人物。结束时，咨询师告诉她，下次来时把生涯人物访谈记录带来，以探讨和确定自己究竟从事什么样的具体职业。

王莉菲同学在咨询师的指导下进行了科学的职业生涯规划，在高职三年中，取得了令人骄傲的成就（见上文的成长记录）。

问题思考

1. 职业生涯与职业生涯规划有区别吗？
2. 职业生涯规划对一个人有什么意义？

知识殿堂

在了解职业生涯内涵后，你一定会问，既然职业生涯那么重要，那么怎样才能使自己的职业生涯更加出彩呢？这就要了解职业生涯规划的相关知识，进而为规划职业生涯打下基础。

一、职业生涯规划的内涵

职业生涯规划又称职业生涯设计，是指组织或者个体把个体发展与组织发展相结合，对决定职业生涯的个体因素、组织因素和社会因素等进行分析，制定个体一生事业发展的战略设想与计划安排。

职业生涯规划是一种艺术，它让人与职业相匹配，其目的不只是帮助个体按照自己的条件找到一份合适的工作，更重要的是帮助个体真正了解自己，为自己的发展选定方向，筹划未来，向着自己的目标不断前进，有一个美好的人生，最终满足个体的心理成就感。

笔记处

二、职业生涯规划的类型

按照对象划分，职业生涯规划可分为个人职业生涯规划和组织职业生涯规划两个类别。

个人职业生涯规划是指个人根据对自身的主客观因素的分析、总结和测定，确立自己的职业发展目标，选择实现这一目标的职业，制订相应的发展计划、学习计划、工作计划以及实现职业生涯目标的具体行动方案，并按照一定的时间安排，采取必要的行动实现职业生涯目标的过程。简单地说，个人职业生涯规划是设想自我在职业生涯中希望达到的分目标，规划具体的达标办法，并按照规划去行动，对职业生而言，职业生涯规划应结合自己的特点与实际进行。

组织职业生涯规划是组织根据组织现状与发展的人才需求以及员工的现有素质、发展潜力与发展期望等，制订组织人才资源开发计划、教育培训计划，规划落实相关计划的活动，旨在挖掘组织人力资源的潜力，同时引导、帮助员工获得最优秀发展。如果在企事业单位从事人力资源管理工作，就需要认真地学习组织职业生涯规划的原理与操作方法。

对个人而言，职业生涯设计制定了个人的职业方向和成功标准，实现了职业理想的具体化和可操作化；对于组织而言，职业生涯规划制定了组织成员的发展方向和管理目标，实现了组织管理的规范化和专业化。

三、职业生涯规划的意义

人生的多半时间在从事职业活动，职业成就是人生幸福的基础，拥有成功的职业生涯才能拥有完美的人生。因此，职业生涯规划具有特别重要的意义。

（1）职业生涯规划可以明确人生的发展目标，提升成功的机会，实现职业生涯的认识从模糊到清醒的转变。

（2）职业生涯规划可以发掘自我潜能，增强个人实力，实现人生态度从消极到积极的转变。

（3）职业生涯规划可以提升应对竞争的能力，增强职业的主动性，实现在职场竞争中从被动到主动的转变。

笔记处

（4）职业生涯规划可以增强合作意识和信息意识，提高沟通能力，实现在社会交往中从封闭到开放的转变。

（5）职业生涯规划为未来职业成功打好基础，实现人生价值，实现生涯发展从无计划向有计划的转变。

💬 **思政拓展**

在校企合作中绽放光彩

每个人都有自己的特点，或者说每个人都有很大的潜力，但是未必每个人都能找到自己的潜力并充分挖掘。根据自己在校企合作中的体验，寻找自己身上能够实现人生成功的闪光点。发掘自身隐藏的潜力，给未来的职业增添色彩。

因为我有＿＿＿＿＿＿所以我能＿＿＿＿＿＿
因为我有＿＿＿＿＿＿所以我能＿＿＿＿＿＿
因为我有＿＿＿＿＿＿所以我能＿＿＿＿＿＿
因为我有＿＿＿＿＿＿所以我能＿＿＿＿＿＿
因为我有＿＿＿＿＿＿所以我能＿＿＿＿＿＿
因为我有＿＿＿＿＿＿所以我能＿＿＿＿＿＿

假如能把上边的内容填满，你一定会惊讶万分，日常那些不起眼的现象，竟然对自己有那么大的好处。这时候，你可以把感想写在下边的横线上。

我的想法：＿＿＿＿＿＿＿＿＿＿＿＿＿＿＿＿＿＿＿

笔记处

经典寄语

　　职业生涯规划会让我们在错综复杂的职业生涯道路上，找到最适合自己的发展路径。因此，不再拖延，从此刻开始行动，去体验青春的绚丽多彩，以奏响生命的华美乐章，让我们为追随梦想而生活，演绎出精彩的职业人生。

故事探微

稳扎稳打才有真正的前途 [1]

　　周晓华是一家企业的人事主管，在与一些大学生座谈时，她针对大学生未来职业发展的问题，明确地发表了自己的观点："我不赞成在一个行业不到3年就换行业。35岁以前，我们的生存资本主要靠打拼。35岁以后，我们的生存资本主要靠积累，这种积累包括人际关系、经验、人脉、口碑……所以，如果经常更换行业，就意味着几年的积累付之东流，一切又从头开始。如果你换了两次行业，35岁时大概只有5年以下的积累。这时候，你与一个没有换过行业的至少有10年积累的人竞争，谁会更占优势是显而易见的事实。工作两三年，很多人会觉得工作不顺利，或者心情不舒畅。于是，他们就会闷闷不乐，就想辞职，甚至想换一个行业。他们有一种错觉，以为这样一来就能抛弃一切烦恼，自己也获得新生。其实，这样做得不偿失。你终究会发现，还是会出现和原来行业一样的困难。要知道，每个人都会经历这样一个过程，职业生涯中都会碰到几个瓶颈。有些人咬咬牙，熬过去了，迎来柳暗花明的新境界。有些人没有坚持

---

[1] 胡培根. 大学生就业指导与职业生涯规划［M］. 北京：北京邮电大学出版社，2015：44.

笔记处

住，采取躲避的方式，换了一个行业，重复自己原来走过的路。实际上，一份工作到两三年的时候，大部分人都会变成熟手，这就是你的优势。这时候，可能会陷入心理疲劳，但一定要挺住。要想消除这种厌倦感，不一定要换行业。事实上，换行业也根本解决不了这个问题。如果你足够聪明，就会发现：这个时候正是你进一步提升自我的绝佳良机。打个比方，就像练字的人到一定时候会觉得自己越练越难看。其实，未必是你真的越练越难看，很可能是你的眼光提高了，所以才得出这样的结论。因此，遇到这个瓶颈期，不要畏惧，不要烦躁，也不要慌张。这时你提高自我、完善自我的重要时刻。处理妥当，就能在事业上更上层楼；处理失当，就会在事业上一落千丈。这个时候还是要拿出最初工作时的干劲来，稳扎稳打才有真正的前途。"

问题思考

1.职业生涯就是早做规划，那么规划了是否就能实现？

2.故事说明的道理是否符合我们自身的情况？

知识殿堂

规划职业生涯是一项科学性、实践性很强的活动。如果规划偏差，决策有误，那将使我们的职业生涯偏离航向，甚至南辕北辙。例如，我们的特长在于动手操作，成为优秀的高级技工，而我们却偏要搞文学创作，到最后可能什么都做不成、得不到。

一、职业生涯规划的原则

笔记处

为保证职业生涯规划的针对性、有效性与适宜性，科学的职业生涯规划应遵循如下原则。

（一）长远性原则

规划自我职业生涯的时候，一定要从长远着眼，放眼未来。思考五年后、十年后自己想做什么，自己能做什么。我们需要给自己的未来描绘一幅美丽的蓝图，让它引领我们前行并为之奋斗。

（二）现实性原则

个体可能设定的职业生涯目标及实现职业生涯目标的途径有很多。在进行职业生涯规划时，必须要考虑个体自身的特征、社会环境、组织环境及其他相关因素，选择现实可行的目标和途径。规划要有事实根据，并非美好的幻想或不着边际的梦想，否则将会延误生涯良机，失去职业生涯规划的价值。

（三）清晰性原则

职业生涯规划中，无论是目标的确立，还是职业生涯道路的选择；无论是分析自我，还是分析职业机会；无论是找寻差距，还是制订学习与培训计划，都要以实际为基础，制订清晰的目标与可操作的办法，以便自己在实践中执行。这要求职业生涯规划方案不但要目标明确、内容明确，还要措施明确、表述明确，绝不能模棱两可。

（四）具体性原则

职业生涯规划必须是对某个特定个体所进行的具体的职业指导。由于个体所处的具体的职业发展阶段不同，能力、性格、职业发展愿望等特点因人而异，所处的组织环境也有所差异，因此在进行职业生涯规划时，不能搬用其他人的职业发展模式，职业生涯规划也必须是因人而异的、具体的。

（五）持续性原则

职业生涯基本是贯穿一个人一生的过程，是一个连贯衔接的统一体，其中一定有诸多不确定性。因此，进行职业生涯规划不能割断个体完整的职业发展历程，而要灵活地对自我当初的规划进行调整，实现个体在职业生涯中的持续性发展。

（六）适应性原则

规划未来的职业生涯目标，涉及多种可变因素，一旦外界环境或自身发生较大变化，我们能及时地调整自我职业生涯设计，增强职业生涯规划的适应性。

笔记处

（七）可度量性原则

职业生涯规划不但应规划出总的职业发展目标，还应制订具体的阶段性步骤，要有明确的时间限制和达成标准，以便在达到职业生涯目标的过程中随时进行阶段性的度量和评价，随时掌握执行的情况，以便为职业生涯目标的调整提供信息。

二、职业生涯规划的分类

职业生涯规划可以按照以下两种方式进行分类。

（一）按照个人发展需要进行分类

按照个人发展需要，职业生涯规划可分为内职业生涯规划和外职业生涯规划。

1.内职业生涯规划

内职业生涯规划指在职业生涯发展中通过提升自身素质与职业技能而获取的个人综合能力、社会地位及荣誉的总和，它是别人无法窃取的人生财富。可见，内职业生涯规划是基于个人培养而进行的规划。

2.外职业生涯规划

外职业生涯规划指在职业生涯过程中所经历的职业角色及获取的物质财富的总和，它是依赖于内职业生涯的发展而增长的。由此，外职业生涯规划是针对个人职业角色而进行的规划。

没有内职业生涯规划的坚实积淀，就不可能有外职业生涯规划的科学形成，即使形成，也是华而不实的，在实践中会遭遇不可避免的失败，给人生发展造成不可挽回的损失。只有内职业生涯规划，没有外职业生涯规划的实践，同样不能彰显自己的人生价值。

（二）按照时间的长短进行分类

按照时间的长短来分类，职业生涯规划可分为整体规划、长期规划、中期规划与短期规划。

1.整体规划

整体规划指整个职业生涯的规划，设定整个人生的发展目标，时间可长至40年。如规划自己40年的发展目标是成为一个高级艺术设计师，年薪要达到100万或者自己是一个拥有数亿资产的公司董事。

2.长期规划

长期规划一般指7到10年的规划，主要指从业六七年的时间。如规划自己30岁时成为一家中型公司的部门经理，规划40岁时成为一家大型公司的副总经理等。

3.中期规划

中期规划一般为4至6年的目标和任务，主要指从业初期的三四年的时间。如规划到不同业务部门作经理，规划从大型公司部门经理到小部门做总经理等。

4.短期规划

短期规划一般为1至3年，主要指求学期间的规划。如对专业知识的学习规划，通过学习需要掌握哪些技能和知识等。

每一阶段都可以单独进行职业生涯规划，也可联系起来进行总的职业规划。进行阶段性的职业生涯规划，更有利于职业生涯规划的实施和自己人生的完善，以取得事业的成功。具体职业生涯规划的阶段，后文将予以详细介绍。

三、职业生涯规划的特征

进行职业生涯个人规划应结合自身情况及眼前的机遇和制约因素，为自己确立职业目标，选择职业道路，确定发展计划、教育计划等，并为实现职业生涯目标确定行动方向、行动时间和行动方案，其过程反映了职业生涯规划的个性化特征、开放性特征和预期性特征。

（一）职业生涯规划的个性化

为什么有的人一生都无所作为，而在类似或更困难的客观条件下，有的人却可以在职业生涯发展中出类拔萃。这是因为发展的动力源泉在于自身，职业生涯目标一定由本人确立，或虽有外界建议，但一定经过本人真正发自内心的认可，才能达到自我选择、自我发展。个性、价值观及职业信念决定了自我职业生涯规划的个性化特征。

（二）职业生涯规划的开放性

个人是职业生涯规划与管理的主要角色，并不意味着个人可闭门造车、独自完成职业生涯规划，也不意味着职业生涯规划必须一次完成。职业生涯规划要在充分协商、利用测评工具、根据条件变化的基

笔记处

础上进行。充分协商可以避免对自身和客观形势带来主观判断的失误，特别是专家顾问的建议，可以使自己开阔眼界；利用测评工具可以确定自己的职业价值观、职业取向及其发展愿望等；根据变化的环境，适时调整不符合现实的一些做法，以利于更好地坚持自己的职业目标，实现自己的职业目标。

（三）职业生涯规划的预期性

职业生涯规划体现着个人对未来职业发展的一种心理预期。它包括个人在组织中达到的有关职位、技能、薪水、晋级、福利、津贴等的期望，以及诸如生活的优越、职业的满意、个人的自我实现等。根据个人生活中可能发生的情况，定期对这种心理预期进行分析、修正，可以将心理预期作为一种积极的配合方式加以利用，从而随着时间的推移，使随着环境变化而变化的个人愿望相互配合。

思政拓展

一个高职生的"生命线"

用一条水平线代表你的生命线，在末端标出你期望职业生涯结束的年龄。在生命线中找到你现在的年龄，并标记出来。请回顾生命中对自己的生涯发展起影响作用的各种因素（请尽可能宽泛地联想事件、经历、人、思想、计划等），并在生命线上按时间标示出代表这些重要影响因素的点。请在线左侧画一条与之垂直的线，来表示各种因素的重要程度。积极的因素（至少写3个）请在线上方表示，消极的因素（至少写3个）则标在下方。有的可能兼具积极和消极。最后，选用颜色笔，根据自己的喜好对生命线进行加工。

做完这个活动，你有什么样的感悟？请写在下边横线上。

我的感悟：

_____

_____

_____

_____

笔记处

现在再做另外一个活动：在生命线现在的年龄后，写上你期望完成的三大任务，以规划未来，展望人生。

三大任务：

1. ....
   ....
   ....
   ....
   ....

2. ....
   ....
   ....
   ....
   ....

3. ....
   ....
   ....
   ....
   ....

笔记处

单元三　职业生涯规划的自我探索

☑ 任务一　兴趣与职业兴趣

扫码观看

💬 经典寄语

孔子说："知之者不如好之者，好之者不如乐之者。"兴趣是学习生涯中最好的老师，有了兴趣，我们对于自己选择的事情往往努力坚持完成，并且乐在其中。如果你能发现自己的兴趣所在，并能将其融入自己的梦想与生涯规划中，那么你的学习、生活以及未来的工作都将生机勃勃、充满快乐。

💬 故事探微

小钟与小李的故事❶

　　内向腼腆的小钟是某职业学院烹饪专业的一位职业学生。在校期间小钟一点也不起眼，专业课老师对他的评价是：老实，对本行业的悟性一般，但踏实肯钻研；同学们对他的评价是：不爱与人交往，在班上基本上可以忽略不计；班主任对他不无担忧：这孩子，不知以后能否适应社会。

　　毕业实习，小钟到了某饭店当厨工，和他一起到那儿的还有一个同学小李，小李专业成绩较好，对烹饪这一行的悟性也高。

　　实习半月后两人回校向班主任汇报实习心得。小李一见到老师就喋喋不休地抱怨："他们太不尊重人了，我们是

笔记处　❶ 付中承. 职业生涯规划 [M]. 郑州：河南大学出版社，2008：30-31.

去实习的，他们却把我们当成打杂的小工，别说让我们'上灶'（炒菜），就连他们'上灶'我们看一看都不行，成天就叫我们打杂，洗碗刷盘，还叫我们掏下水，小钟人老实，几乎成了专门掏下水沟的人了，你看看，他的手都被泡变形了！"腼腆的小钟撮着双手难为情地站在一旁。对他们的这些情绪，老师做了耐心的分析，希望他们能熬过艰难的最初阶段，坚持下去。

又过了半个月，班主任老师等待着他俩回来汇报，等来了小钟却没有等来小李。

小钟说小李已经辞职一周了。老师问他有何打算，小钟还是腼腆地撮着粗糙的双手说："我还是要坚持。"他说，烹饪这个专业是爸爸妈妈选的，他们说自己老实，学烹饪最实惠。一开始自己并不是很喜欢烹饪这个专业，对有的东西学起来还感到很吃力，但看到烹饪现在这么火爆，觉得还是应该把它学好，尽管在校时学得不是太精，相信只要多琢磨几年就可以学好。他还说，这次能在这家饭店实习他感到很难得，因为这是一家有少数民族风格的饭店，在这里可以学到学校里学不到的东西，尽管现在师傅还不怎么教他，但看得出来，那些师傅越来越喜欢他了。他说可能是自己舍得吃亏、舍得吃苦，所以师傅们有什么事情都喜欢找他帮忙。现在师傅们已经很少让他掏下水了。他已经开始给师傅们"打荷"（烹饪术语，即为师傅准备一份菜所需的原材料），对有些菜品进行粗加工，师傅们也开始和他聊一些做菜的话题，也不怎么避讳他观看，他说自己往往把白天看到的一些窍门记下来，晚上回家后再仔细琢磨，他希望自己能在这里拜上几个好师傅。

三个月后，小钟高兴地告诉班主任，他已经被那家饭店录为正式员工，而且他还拜了师。三年以后，小钟在电话里告诉班主任，他已经成了那家饭店的总厨助理。然而，小钟的同学小李就没有像小钟这样取得理想的职业，始终未能找到一个固定的工作。

问题思考

1.什么是兴趣?

2.兴趣真的那么重要吗?

知识殿堂

兴趣是有效取得职业成功的催化剂和重要的推动力,它能将我们的潜能最大限度地调动起来,使我们长期专注于某一方向,再加上艰苦的努力,一定能取得令人瞩目的成就。

一、兴趣的内涵及特点

(一)兴趣的内涵

兴趣指关注、好奇,进而力求经常参与、探究和掌握某些事物的心理倾向。兴趣是人格的一种,是人格中最重要的部分,是将人与职业匹配的依据。

(二)兴趣的特点

1.兴趣的指向性

兴趣总是指向一定的事物,但个人的兴趣指向却因人而异。"人有千万种,志趣各不同"。所以,在考虑兴趣指向性时,必须要区分良好兴趣和不良兴趣。良好兴趣可以促进自己的成长,不良兴趣可能毁灭自己。

2.兴趣的广阔性

兴趣可以有多种,兴趣范围也有大有小,不要把兴趣固定在某一事物或某一领域,应该扩展兴趣范围,以便从众多兴趣中寻找符合自己的最佳兴趣点。因此,兴趣的广阔性有利于职业选择,有利于促进职业发展。

3.兴趣的持久性

兴趣是稳定的,不是朝令夕改的,一旦对某一个事物产生了兴趣,就会持久存在下去,所以在培养兴趣时,切记不要走偏,否则后期将很难扭转。培养持久性的兴趣,可以避免见异思迁,对于自我发

笔记处

展和职业稳定性都大有裨益。

4.兴趣的效能性

兴趣的效能性指兴趣对活动产生的效果。如学生对体育活动产生兴趣，可以增强体质，而对玩游戏机太感兴趣就要影响学习效果。把兴趣停留在期望和等待的状态中，就不会产生实际效果，反之，对兴趣积极活动，就能产生实际效果。因此，在工作中，不要浅尝辄止，否则就会造成工作效能感极差。

二、职业兴趣的内涵及类型

（一）职业兴趣的内涵

职业兴趣是个人对某种职业或者从事某种职业活动表现出来的特殊倾向。那些对自己的工作废寝忘食、爱不释手的人往往对自己的职业有浓厚的兴趣。高职学生的职业兴趣将直接影响其今后对待自己所从事职业的态度和成就。

（二）职业兴趣的类型

职业专家根据兴趣与职业的关系，划分出10类职业兴趣。

（1）喜欢与工具、器具或数字等事物打交道的人，适合的职业有制图员、修理工、裁缝、木匠、建筑工、出纳员、记账员、会计等。

（2）喜欢与人打交道的人，适合从事销售、采访、信息交流等职业，如记者、营业员、服务员、推销员等。

（3）喜欢有规律地工作或在预先安排的程序下做细致工作的人，适合的职业有邮件分类员、图书管理员、办公室职员、档案管理员、打字员、统计员等。

（4）喜欢帮助别人的人，适合从事社会福利和助人工作，如医生、律师、护士、咨询人等。

（5）喜欢从大局着眼做一些计划、规划的人，适合做行政组织工作，如办公室、人力资源管理等。

（6）喜欢研究人的行为举止和心理状态的人，适合从事心理咨询师、政工人员、社会工作者等工作。

（7）喜欢分析、推理、测试之类的活动，擅长理论分析，善于独立解决问题并通过实验获得新发现的人，适合的职业有生物、化学、物理、工程方面的研究人员等。

笔记处

（8）有想象力和创造力，喜欢挑战和创新的人，适合从事一些能发挥他们创造性的工作，如演员、创作人员、设计人员、画家等。

（9）喜欢运用一定的技术操纵各种机械，制造产品或完成其他任务的人，适合从事操纵机器的技术工作，如机床工、驾驶员、飞行员等。

（10）喜欢制作能看得见、摸得着的产品，希望尽快看到自己劳动的成果，从完成的产品中得到自我满足的人，适合从事一些具体的工作，如厨师、园林工、理发师、美容师、室内装饰工、畜牧养殖等。

三、兴趣对职业生涯的影响

（一）兴趣是设计职业生涯发展领域的重要依据

正如我们在日常生活中喜欢做自己感兴趣的事，参加感兴趣的活动一样，具有一定兴趣类型更倾向于寻找与此有关的职业，特别是在外界环境限制较小时，我们更倾向于选择自己感兴趣的职业。因此，对兴趣或兴趣类型有了正确的认识后，就可以帮助我们选择职业生涯的发展领域。

（二）兴趣可以增强职业生涯的适应性

兴趣可以通过提高或改善工作动机，从而促进能力的发挥。兴趣和能力的结合会大大提高工作效率。研究表明，如果从事自己感兴趣的职业，则能发挥全部才能的80%~90%，而且长时间保持高效率而不感到疲劳；如果对所从事的职业没有兴趣，则只能发挥全部才能的20%~30%。

（三）兴趣会影响工作满意度和稳定性

兴趣影响对工作的满意度，在某些情况下（如不考虑经济因素）甚至具有决定性作用。一般来说，从事自己不感兴趣的职业很难让我们感到满意，并由此导致工作的不稳定。

需要说明的是，由于兴趣具有心理倾向，因此许多心理学家，如弗瑞德里奇·库德、斯特朗、约翰·霍兰德等制作职业兴趣量表，以帮助人们找出他们喜欢什么和不喜欢什么。这些心理学家发现，在不同职业领域工作的人有着不同的职业兴趣模式。例如，工程师的职业兴趣就不同于会计师、护士等人。可见，如果职业兴趣能被快速而有效地测量出来，就能简化职业生涯规划的过程。

💬 思政拓展 ✈

谈一谈自己的兴趣或职业兴趣

在生活中做哪些事情，会让你感到特别愉快呢？请根据第一感觉，写出自己喜欢的10项日常活动，并简述喜欢他们的理由，然后与同学和老师进行探讨。

活动一：
喜欢的理由：
活动二：
喜欢的理由：
活动三：
喜欢的理由：
活动四：
喜欢的理由：
活动五：
喜欢的理由：
活动六：
喜欢的理由：
活动七：
喜欢的理由：
活动八：
喜欢的理由：
活动九：
喜欢的理由：
活动十：
喜欢的理由：

笔记处

10项活动对自己而言困难吗？不同的活动带给自己的感觉一样吗？

这些活动中，哪些可能与自己未来的职业有关？哪些可能将成为自己喜爱的休闲生活？

如果时间回到一年前，自己所写下的还会是这10项活动吗？与现在有什么不同？

笔记处

任务二　性格与职业性格

经典寄语

　　每个人都是独一无二的，不同性格的人构成了这个丰富多彩的世界。有的人活泼开朗，有的人内敛稳重，有的热情果敢，有的敏感细致。作为一种相对稳定而极具个人特色的心理特质，我们的性格通过对人、事的态度和习惯化的行为方式来展示自己独特的存在。我们需要全面、客观地认识自己的性格，这样才能更好地完善自己，选择更加适合自己的生涯发展方向。

故事探微

改变带来了另一片天空

　　孙文超是某职业院校建筑艺术与设计专业的一名高职学生。孙文超同学在校期间，性格内向，少言寡语，不爱交际，但是善良诚实，吃苦耐劳，热爱学习，成绩优秀，并且自学了建筑预算。

　　孙文超毕业后在一家建筑企业开始做建筑预算，一般情况下，建筑预算不需要与过多的人打交道，大部分时间在家就可以进行。由于孙文超工作细致，认真负责，使建筑预算这项工作能高质量完成，受到老板的赏识。

　　由于建筑预算做得精细，老板又让他去做监理。老板认为这样踏实肯干的人，一定是个优秀的监理员，于是派他去学习监理知识。通过艰苦的学习，孙文超考取了监理证书。由于监理需要日日在工地，与工地各色人打交道，这并不是孙文超所擅长的。孙文超认识到必须改变自己的性格，不然就不能胜任工作。

　　孙文超除了在技术上尽快适应新岗位以外，更加刻意与别人交流，主动和陌生人交往。经过努力，孙文超的性格开

笔记处

朗起来，干劲儿更足了，加上他吃苦耐劳，责任心强，凡是经过他监理的工程项目，从来没有重新翻过工，他很快成为监理员中的骨干。现在，孙文超已经是这家建筑公司的副总，开始在自己的梦想道路上展翅高翔。

问题思考

1.怎么理解性格与职业性格？
2.怎么理解性格的变与不变？

知识殿堂

一般情况下，性格是稳定的，但也是可以改变的，不过性格是不能突变的，需要经过多种因素的综合影响后才能改变。不同性格的人所从事的职业也不相同，不同的职业要求从业者具有与之相适应的职业性格。

一、性格及其调适

（一）性格的内涵

性格表现在人对现实的态度和相应的行为方式中的比较稳定的、具有核心意义的个性心理特征，它是一种与社会相关最密切的人格特征。性格中包含许多社会道德含义。性格表现了人们对现实和周围世界的态度，并体现在行为举止中包括对自己、对别人、对事物的态度和所采取的言行上。

（二）性格的调适

1.改正认知偏差

有些人受不良环境的影响，或受存在不良性格人的影响，产生了错误的认知，如认为这个世界上坏人多、好人少，同人打交道要防人三分，疑心重，以小人之心度君子之腹等。这样的人一般心胸狭隘、

笔记处

忌妒心强、疑心重、古怪、冷漠、缺乏责任感等。因此，要想避免成为这样的人，我们必须改变自己不正确的认知，可以参加一些有意义的集体活动，充分体验、感受生活，多看些进步的书籍和伟人、哲人传记，看看他们成功史和为人处世之道，这对自己性格的改变会有所帮助。

2.试着去帮助别人

从帮助别人的过程中体验乐趣。具有不良性格的人，往往以自我为中心，他们对人冷漠，一般不愿进行人际交往，生活在自我的小天地里。要想改变这样的性格，可以主动去帮助别人，因为人人都需要关怀，主动去帮助别人后，别人也会主动来帮助你。同时，在这种帮助中，能体现自身的价值，心情改善了，对人的看法和态度也会随之改变，有利于良好性格的养成。

3.有意识地进行自我锻炼、自我改造

客观的环境因素往往需要通过主观的自我调节起作用，每个人都在不同的程度上，以不同的速度和方式塑造着自我，包括自己的性格。随着个人认识能力的发展和相对成熟，随着个人独立性和自主性的发展，其性格的发展也从被动的外部控制逐渐向自我控制转化。如果能意识到这一变化，就能使自己对现实的态度、意志、情绪、理智等性格特征不断完善。

4.积极的心态与情绪

偶尔的心情不好，不至于影响一个人的性格，但若是长期心情不好，对性格就会有不良影响，容易出现暴躁、易怒、神经过敏、冲动、沮丧等特征，这是一种异常情绪性的性格。因此，我们要乐观地生活，胸怀宽广，始终保持愉快的生活体验。当遇到挫折和失败时，要往好的方面去想，要想得开，烦恼自然就会消失。心里苦恼时，可以找一个自己信赖的朋友交谈或去看心理医生，不要让苦闷积压在心里，否则，容易导致性格的畸形发展。

5.乐于交际，与人和谐相处

兴趣广、爱交际的人会学到许多知识，训练出多种才能，有益于良好性格的形成和发展。但是，与品德不良的人交往，也会沾染不良的习气。因此，要正确识别和评价周围的人和事，人与人之间要互敬、互爱、互谅、互让，善意地评价人，热情地帮助人，克己奉公，助人为乐，努力保持好人与人之间的关系，长此以往，性格就能得到

笔记处

和谐发展。

6.改造不良的性格

有的人已经形成了某种不良的性格特征，如懒惰、孤僻、自卑、胆小等，要下决心进行"改型"。人的性格虽有一定的稳定性，但又是可变的，只要自己下决心去改，是能产生明显效果的，懒汉可以成为勤奋者，悲观失望的人也可以成为积极乐观的人。改造不良性格的方法一是提高文化水平，二是加强道德修养。人的性格的形成受文化水平和道德水平影响。有文化、有道德的人，会更有理智，更能以正确的态度去对待现实生活，这就有助于形成良好的性格特征。

二、职业性格及类型

（一）职业性格的内涵

职业性格是指人们在长期特定的职业生活中所形成的与职业相联系的、稳定的心理特征。例如，有的人在对待工作总是一丝不苟，踏实认真；在为人处世中总是表现出高度的原则性，果断、活泼、负责；在对待自己的态度上总是表现为谦虚、自信、严于律己等，所有这些特征的总和就是职业性格。

（二）职业性格的类型

职业专家根据职业与性格的关系，把职业性格划分为9类。这种分类，反映出性格与职业的相互关联，大多数人不是只有一种职业性格，是兼有多种类型的职业性格。

1.变化型

在新的或意外的工作环境中感到愉快，喜欢工作内容经常有些变化，在有压力的情况下工作出色，追求并能适应多样化工作，善于将注意力从一件事转到另一件事上。

2.重复型

适合并喜欢持续地从事同样的工作，喜欢按固定模式或别人安排好的计划、进度办事，爱好重复的、有标准准则的工作。

3.服从型

喜欢配合别人或按别人的指示办事，愿意让别人支配自己的工作，不愿意自己独立做决策或担负责任。

笔记处

4.独立型

喜欢计划自己的活动并指导别人的活动，在独立的、负有责任的工作中感到愉快，喜欢对将要发生的事情做出决定。

5.协作型

在与人协同工作时感到愉快，善于引导别人按客观规律办事，希望得到同事的喜欢。

6.劝服型

善于说服别人，并能通过谈话和文字进行沟通，对别人的反应有较强的判断能力，并善于影响他人的态度、观点和判断。

7.机智型

在紧张、危险的情况下也能很好地执行任务，出现意外时善于自我控制、镇定自若、不易慌乱，应变能力强。

8.自我表现型

喜欢表现自己，善于表达自己的思想和感情。

9.严谨型

注意细节的精确，在工作过程中能按规则、有步骤地开展工作，追求尽善尽美。

根据以上职业性格，可以把职业与从业者的职业性格进行比对，例如，金属切削加工：重复型、服从型、协作型，商业采购人员：变化型、独立型、劝服型，售货员：变化型、协作型、劝服型，护士：变化型、独立型、协作型，厨师：变化型、独立型、严谨型，演员：自我表现型、协作型、变化型，导游：变化型、独立型、自我表现型，警察：机智型、独立型、变化型。

思政拓展

了解自己的性格特质

如要了解自己的性格，可以通过自我反思与他人评价相结合的方法。下面是"性格特质清单"，请在清单中搜索符合你自身情况的性格特质，并向周围的亲朋好友了解他们对你性格特点的评价，然后完成"性格特质大家说"。

性格特质清单

勇敢、有恒心、体贴、有野心、有毅力、冲动、诚实、脾气暴

笔记处

躁、勤劳、有上进心、文静、有主见、聪明、热心、顺从、善交际、独立、温柔、害羞、机智、爱冒险、讲义气、友善、无主见、爱幻想、幽默、天真、认真、能沟通、孝顺、细心、负责任、爱争辩、悲观、乐观、情绪化、固执、富有想象力、善解人意、善良、表现欲强、有同情心、缺乏想象、活泼、主动积极、正直、大大咧咧、木讷、挑剔、懒散、踏实、胆小、强势、追求实际、活跃、谦虚、坦率、大方、谨慎、自律等。

性格特质大家说

自我眼中的我：_____

爸爸眼中的我：_____

妈妈眼中的我：_____

同学眼中的我：_____

老师眼中的我：_____

其他人眼中的我：_____

自我塑形

梳理我的性格特质，原来我是这样的人：_____

_____

我觉得我的性格特质对我的为人处世的最大影响是：_____

_____

我的哪些性格特质需要发扬？哪些性格特质需要改进？具体改进的措施是什么？

_____

_____

笔记处

任务三　能力与技能

经典寄语

　　人的智能结构是多元的，每个人都有不同的智能结构。我们如果盲目选择，将来从事自己不擅长的职业，那么不仅很难在该领域做出成绩和贡献，甚至连自身的特长也会被埋没。因此，我们要明确自己的智能结构，发现自己的优势能力，并结合这些优势能力规划未来的工作和生活，它们会成为人生航行的加速器，助我们勇往直前。

故事探微

陈景润和张秉贵的职业能力❶

　　著名数学家陈景润曾担任中学数学教师，但不太受学生欢迎。因为他的口头语言表达能力较差，人际交往能力和组织管理能力也不强。但他的学习能力极强，有超常的记忆能力、注意能力、想象能力、算术能力和高于常人的逻辑思维能力。这种能力特征，使他能成为攀登科学高峰的数学家，却不能成为优秀的中学数学教师。

　　北京市百货大楼优秀售货员张秉贵，以"一团火"的精神为顾客服务。他苦练基本功，锻炼出良好的语言表达能力、眼手协调能力、手指灵活能力和心算能力，做到在连续作业时，平均50秒接待一位顾客，成为全国劳动模范。他创造的"接一、问二、联三"的方法能同时接待三位排队顾客，即接待第一位顾客时向第二位顾客问好，并用点头或眼神向第三位顾客示意。他还采取"一口清"的办法，一口气报出商品单价、实重、应收款、实收款、应找款，并采取"一抓准"的方法，熟练地对糖果进行抓、称、包、扎等操作。

❶ 蒋乃平. 职业生涯规划 [M]. 北京：高等教育出版社，2013：66.

笔记处

职业生涯规划与发展指南

问题思考

1.什么是能力？

2.怎样认识自己的能力或技能？

3.如何理解和运用加德纳的多元智能理论？

知识殿堂

在科技发达的今天，我们若没有一技之长，就很难立足于社会。时光逝而不再有，我们有何理由踯躅不前、瞻前顾后、蹉跎岁月呢？

一、能力的概念及种类

（一）能力的概念

能力指个体能够顺利地完成某种活动所必须具备的心理特征，包括智力、倾向和成就三种。智力指个人的一般能力，倾向指个人可以发展的潜在能力，成就指个人通过教育或培训在学识、知识和技能方面达到的较高水平。能力与活动紧密相关，没有能力难以完成某项活动，某项活动顺利完成必须需要具备一定的能力。因此，能力的来源就显得尤为重要。

一般来说，能力来源于三个方面。一是来自遗传。从父辈或祖辈那里获得的基因，每个人都有其先天的遗传优势和遗传不足。遗传优势固然重要，但遗传不足可以通过后天的奋斗改变。事实证明，在生活、学习或工作中，对个人行为起决定作用的往往不是先天遗传优势，而是个人的自我效能感。二是来自环境。通过社会环境、学校环境、家庭环境等环境的影响，个体不仅获得能力的提高，还能使自我能力得到锻炼。三是来自教育。无论家庭教育、学校教育，还是社会教育、自我教育，都会在有意识培养或无意识培养中，影响和提高着自己的显性能力和隐形能力。

（二）能力的种类

人的能力各种各样，按照不同的角度能力的种类有以下九种。

笔记处

1.一般能力

人认识、理解客观事物并运用知识、经验等解决问题的能力，包括观察力、记忆力、想象力、注意力、创造力、逻辑思维能力，核心是逻辑思维能力。

2.特殊能力

在某种专业活动中表现出来的能力，是顺利完成某种专业活动的心理条件。例如，画家的色彩鉴别力、形象记忆力，音乐家区分旋律的能力、音乐表现能力以及感受音乐节奏的能力等。

3.模仿能力

人通过观察别人的行为、活动来学习各种知识，然后以相同的方式作出反应的能力。模仿不单表现在观察别人的行为后作出的相同反应中，而且表现在某些延缓的行为反应中。模仿是动物和人类的一种重要的学习能力。

4.创造能力

产生新的思想和新的产品的能力。一个具有创造力的人，往往能超脱具体的直觉情境和思维定式的束缚，在习以为常的事物或现象中发现新的联系和关系，提出新的思想，产生新的产品。如作家在头脑中构思新的人物形象，创造新的作品；科学家提出新的理论模型，并用实验证实这些模型，都是创造能力的具体表现。

5.流体能力

在信息加工和问题解决过程中所表现的能力，如对关系的认识、类比、演绎推理能力，形成抽象概念的能力。

6.晶体能力

获得语言、数学知识的能力，决定后天的学习，与社会文化有密切的关系。晶体能力在人的一生中一直在发展，一般人到25岁以后，发展的速度渐趋平缓。

7.认知能力

人脑加工、储存和提取信息的能力，即我们平常所说的智力，如观察力、记忆力、想象力等。人们认识客观世界，获得各种各样的知识，主要依赖于人的认知能力。

8.操作能力

人们操作自己的肢体以完成各项活动的能力，如劳动能力、艺术表演能力、体育运动能力。操作能力是在操作技能的基础上发展起来

笔记处

的，又成为顺利掌握操作技能的条件。

9.社交能力

在人们的社会交往活动中所表现出来的能力，如组织管理能力、言语感染力、判断决策能力、调解纠纷和处理意外事故的能力等。

二、技能的概念及种类

（一）技能的概念

技能指在能力和知识的基础上，通过反复的练习形成的相对稳定的行动方式。不同的职业有不同的职业技能要求。在个人成长的过程中，从什么也不会做的小婴儿，到一个生活自理、能够看、听、说、行走、阅读、写字的成年人，其实我们每个人都已经学会了无数的技能。

（二）技能的种类

1.专业技能

专业技能指那些需要通过学习或培训才能获得的特别的知识和能力，这些技能涉及人们学习的专业和课程。专业技能不能迁移，需要通过有意识的、专门的学习或培训才能掌握。

2.自我管理技能

自我管理技能经常被看作个性品质，而不是技能。因为它们被用来描述或说明人具有的某些特征，这些技能可以从非工作领域迁移转换到工作领域，有助于人们推销自己和自己的才能，是成功所需要的品质。它涉及个体在不同的环境下如何管理自己，例如，是勇于创新还是循规蹈矩，是认真还是敷衍了事，能否在压力下保持镇定，是否对工作有热情，是否自信，是否有敬业精神，是否有服务意识，是否眼高手低，是否踏实肯干，是否具有主动进取精神等。因此，高职生在从校园走向社会之前，需要培养良好的自我管理技能，学会如何为人处事是至关重要的。

3.可迁移技能

可迁移技能也被称为通用技能，是职业生涯中除岗位专业能力之外的基本能力，是适用于各种职业，能够适应岗位而不断变换，伴随个人终生的可持续发展能力。其特征是可以从生活中的方方面面，特别是工作之外得到发展，却可以迁移应用于不同的工作之中。在职业

笔记处

规划中，可迁移技能需要被最先和被详细叙述的，它是最能持续运用和最能够依靠的技能。专业知识技能的运用都建立在可迁移技能基础之上。

思政拓展

撰写成就故事

同学们，无论是在中小学，还是在高职院校，你都取得过成功。现在，请写下生活中令你有成就感的具体事件，然后分析在哪些方面拥有哪些技能，符合下列两条标准，就可以被视为"成就"，即你喜欢做这件事时体验到的感受，为完成这件事所带来的结果感到自豪。

（1）你想达到的目标：需要完成的事情面临的障碍、限制、困难。

（2）你的具体行动步骤：你是如何一步步克服障碍、达成目标的？

（3）对结果的描述：你取得了什么成就？

（4）对结果的量化评估：可以证明你成就的任何衡量方法或数量。

成就故事

你想达到的目标：

你的具体行动步骤：

对结果的描述：

对结果的量化评估：

笔记处

任务四　价值观与职业价值观

经典寄语

　　人的想法、观念往往会影响选择，这种想法、观念我们称为"价值观"。不同的人有不同的价值观。如何尊重每个人的价值观，学习与价值观不同的人相处，遇到价值观冲突时又该如何进行调整，如何改变自己的心境，如何分辨积极价值观和消极价值观等，这些都需要每个人认真思考。

故事探微

她为何感到人生困惑？ ❶

　　朱思婷从职业院校人力资源专业毕业后，由于出色表现，顺利进入一家当地比较好的公司，由于自己的能力得到公司老板的赏识，很快被提拔为该公司的人事部经理，从此开始了她的职业生涯，升迁和职位除了引来别人的羡慕外，自己反而陷入了另一种困惑。

　　自从她被提拔为人事部经理后，她每天早出晚归，奔波在上下班的路上，整天与烦琐的人事纠缠在一起。有时，除了要接受上司的脸色与责备，她还会因为工作中的一些小事与同事产生摩擦，在彼此心中结下小疙瘩，经过一段时间才能化解。到了下班时间，虽然早已经是饥肠辘辘，她却还要偏执地埋头苦干，因为手头的活儿还没有做完，又或者做完了却担心做得不够好，一不留神就落在了别人的后面。她最近越来越感到郁闷，经常反复地问自己这样一个问题：这就是自己想要的生活吗？要一直这样过下去吗？

　　当喧闹的都市已经渐入梦乡时，朱思婷才拖着疲惫的身

笔记处

❶ 付中承. 职业生涯规划［M］. 郑州：河南大学出版社，2008：53-54.

体回到那套租来的空荡荡的居室里。望着一些住户窗口隐约的灯光，她感到了一种难言的失落，孤寂如潮水般涌来。也许在大多数人的眼里，朱思婷是一名成功的白领，有着一份体面的工作和不菲的收入，可是又有谁会知道她内心的苦闷和失落呢？由于上班、加班几乎成了她生活的全部内容，她很难拥有属于自己的时间，约会、恋爱对于她而言也成了奢侈的事情。每当看到恋爱中的情侣或一家三口甜蜜地生活在一起的时候，朱思婷都不禁感叹自己马上就要到30岁了，可是真正的家不知在哪里，她对自己走过的路陷入了深深的思索。

问题思考

1.怎样理解价值观和职业价值观？

2.对职业价值观应该有什么样的态度？

3.怎样修正职业价值观？

知识殿堂

党的二十大报告指出，我国"以社会主义核心价值观为引领"❶，推动社会的发展，如期实现中华民族伟大复兴的宏伟目标。同样，我们也要形成个人的价值观，才能走得正、行得端。价值观是职业生涯规划中一个重要的影响因素。如果依循自己积极的价值观工作和生活，就能获得极大限度的幸福感、满足感和自尊感。

一、价值观的内涵及基本作用

生活中人们的价值观反映在人们看待事物的方方面面，是人们活

❶ 本书编写组. 党的二十大报告学习辅导百问［M］. 北京：党建读物出版社、学习出版社，2022：33.

笔记处

动的依据。因此，对价值观的探讨有助于高职生在进行职业选择和规划时，有一个明确的方向。

（一）价值观的内涵

价值观指个人对客观事物（包括人、物、事）及对自己的行为结果的意义、作用、效果和重要性的总体评价，是对什么是好的、是应该的总看法，是推动并指引一个人采取决定和行动的原则、标准，是个性心理结构的核心因素之一。可见，价值观的内容，一方面表现为价值取向、价值追求，凝结为一定的价值目标；另一方面表现为价值尺度、评价标准，成为主体判断客体有无价值以及价值大小的观念模式，是主体进行价值判断、价值选择的内在根据。

个人的价值观是人生观的核心，即人生价值观。人生价值是一种特殊的价值，是人的生活实践对于社会和个人所具有的作用和意义。选择什么样的人生目的，走什么样的人生道路，如何处理生命历程中个人与社会、现实与理想、付出与收获、身与心、生与死等一系列矛盾，人们总是有所取舍、有所好恶，对于赞成什么反对什么、认同什么抵制什么，总会有一定的标准。人生价值就是人们从价值角度考虑人生问题的根据。

群体的价值观则是构成群体思想文化和社会意识形态的主要成分，如中国共产党人价值观的基本内核，一是以实现共产主义理想作为价值追求的目标。二是以劳动创造作为价值实现的条件。三是以全心全意为人民服务作为价值评判的尺度。四是以忠诚老实、光明坦荡、公道正派、实事求是、清正廉洁等作为价值行为的准则。五是以个人利益与整体利益的融合作为价值实现的标志。共产党人能够把个体利益融合在整体利益之中，把个人利益的实现融合在人民利益的实现之中，以人民的甘苦为甘苦，以人民的忧乐为忧乐，先天下之忧而忧，后天下之乐而乐。

（二）价值观的基本作用

由于价值观并不是先天形成的，而是后天习得的。我们对自己的价值观认识得越清楚，职业生涯规划的过程就越容易。因此，了解价值观对于人的基本作用就显得尤为重要。

1.利于规划自己的目标

人在生存和发展过程中必须首先确立自己的价值目标，如食物、金钱、地位、爱情和信仰等，然后才能在目标的指引下，逐步实现自

笔记处

己的价值目标。

2.引导自己的思想

人为了提高思想的价值效率，总是优先选择对自己具有重要价值和切身利益的事物进行关注与思考，以节约自己的时间与精力。因此，有效率的价值观，有利于引导自己思想的精进和提升。

3.约束和规范自己的行为

价值观本身就是对什么是好的，什么是坏的，什么是积极的，什么是消极的，什么是负能量的，什么是正能量的等内容，所做的价值取向、价值评价、价值选择的过程。因此，树立正确的价值观有利于约束和规范自己的行为。

4.处理和调节人际关系

人应该与什么样的人打交道，应该建立和发展什么样的社会关系（包括经济关系、政治关系和文化关系），完全是在价值观的引导下，根据"利益最大化原则"或"最大价值率法则"来进行选择。

5.调配和利用自己的资源

人通常会根据"最大价值率法则"，合理调配和利用自己的价值资源，并把有限的价值资源投入具有最大价值率的职业环境中，以实现最大的职业价值追求。

6.实现自己的价值

每个人都是独特的。每个人能力与技术都有独到擅长的领域，也有不同的职业理想追求，每个人都会在价值观的引导下，最大限度地发挥自己的能力和技术，以实现自己最佳的人生价值和理想追求。

二、职业价值观的内涵及类型

当你埋头苦干时，心中却会滋生"这究竟为了什么"的茫然；当你取得一定成功时，反而会倍感莫名的空虚；当你名利双收时，却发现更有价值的东西却没有得到。诸多疑问始终在我们的内心盘旋。这些问题大多是在从事职业中产生的，严格意义上来说是职业价值观问题。

（一）职业价值观的内涵

职业价值观指人生目标和人生态度在职业选择方面的具体表现，即一个人对职业的认识和态度以及他对职业目标的追求和向往。例如，历史上人们认为经商是低人一等的职业，现在则成了人们追求财富的理想职业。又如，历史上对从事戏曲表演的人称"戏子"，他们社会地位异常低贱，而现在对艺术行业的追逐则达到极为狂热的地步。

如果你的价值观与你的工作相吻合，那么你会觉得很开心，很有成就感。如果不相吻合，那么你就会感到很无奈和痛苦。而这些感受是金钱和威望不能弥补的。因此，在我们为自己做职业规划之前，一定明确自己的职业价值观。

（二）职业价值观的类型

我们在选择职业时，往往要求工作既要舒适轻松，又要工资高、福利好；既要有突出成就，又想要安稳。对此，我们内心感到矛盾和痛苦。因此，对职业价值观的态度将影响大学生的职业选择和从业质量。为了解决这些矛盾，我们不妨把职业价值观分为积极职业价值观和消极职业价值观。

1.积极职业价值观

积极职业价值观是符合社会主流思想的价值观，我们端正从业的思想态度，选择正确的从业渠道，都会有助于我们的职业生涯健康发展。例如，全国劳动模范人物，他们大都在平凡的岗位上干出了令人尊敬的业绩，而支撑他们默默奉献的正是一个个平凡、朴实的职业价值观。正如一位劳动模范人物所说："要干好我们这份平凡的工作，一是要有奉献精神，二是要有强烈的服务意识，三是必须精通业务。"

2.消极职业价值观

消极职业价值观往往伴随着狭隘的人生观，以及好逸恶劳的心理。一旦目标受挫或达不到目的就滋生抱怨、消极、懈怠、郁闷等不良情绪和消极的行为，如消极怠工、淡漠责任、急功近利等。这样的价值观不仅很难使我们用良好的心态去工作，而且会使我们很难在工作中找到乐趣，不利于职业生涯的良性发展。那些怨天尤人、自视过高的人，对工作挑肥拣瘦，总是与工作擦肩而过，这样的人很难用正确的心态去科学规划自己的职业生涯。

三、职业价值观的修正

笔记处

对自我职业价值观有清楚的认识，就能较为容易地进行职业生涯规划，这就要求我们必须修正不正确的职业价值观。

（一）职业无贵贱

俗话说，思想是行动的先导。因此，只有使自己的思想从卑微走向高尚，从消极走向积极，在看待任何职业时，才会发现它的伟大，它的崇高，它的价值所在。一个人眼中卑微的职业，在别人眼里或许并不卑微，甚至可能是崇高的。由此可见，无论我们从事何种自以为卑微、不如意的职业，只要我们兢兢业业、踏实肯干，就一定能够赢得别人的尊重，找到自己的乐趣和价值，甚至改变自己的命运。

（二）职业无大小

著名新闻记者、出版家邹韬奋写过一篇《工作的大小》，指出工作没有大小之分。在某种意义上，扫地工和总统的工作没有质的区别，都是在为人类的生存和发展做贡献。任何成功，都是由一点一滴的小事积累起来的，生活中无数成功人士的经历告诉我们，任何辉煌的业绩都来自不懈的追求和一点一滴的积累。所以，希望我们每个人记住，不做小事的人也做不出大事来，正是"一屋不扫，何以扫天下"。

综上所述，让我们记住党的二十大报告中的一句话："今天，我们比历史上任何时期都更接近、更有信心和能力实现中华民族伟大复兴的目标，同时必须准备付出更为艰巨、更为艰苦的努力。"[1] 在"不断夺取全面建设社会主义现代化国家新胜利"[2] 的伟大征程中，树立积极的价值观，正确面对职业价值观，努力工作，兢兢业业，去创造自己辉煌的人生吧。

思政拓展

测测自己的职业价值观

职业锚是应用最广泛，也是准确率最高的量表。下面是根据职业锚理论设计的一个互动游戏，可以用来测测我们的职业价值观。

---

[1] 本书编写组.党的二十大报告学习辅导百问［M］.北京：党建读物出版社、学习出版社，2022：21.

[2] 同[1]。

笔记处

游戏原理：职业锚等相关职业价值观理论。

游戏目的：测试求职者的职业系锚点或者职业价值观中最重要的内容。

游戏名称：三色手环摘除游戏。

道具：三色手环。

游戏操作：

（1）向参与者发放手环，不同颜色各1个。

（2）要求被测试者对手环进行相关职业价值观命名，为保证测试的顺利进行，一般情况下为被试者提供备选价值观名称，如薪酬、家庭需要、发展平台、工作能力匹配、兴趣匹配和职业尊严等，由被试者选择三个最重要的项目分别命名不同颜色的手环，如红色代表薪酬，紫色代表职业尊严，黄色代表发展平台，等等。

（3）测试者发布第一道指令：由于就业形势比较紧张，不能同时满足三个价值要求，只能满足其中两个价值选项，请摘除一个被认为最不重要的手环。邀请个别被试者分享理由，阐述理由的过程就可体现被试者的职业价值观排序。

（4）继续发布相同信息，再摘除一个价值手环，剩下的就是被试者的职业价值点，也是被试者最重要的职业价值取向。

游戏过程中如无三色手环，可以用其他道具代替，可用于课堂互动，也可用于同学间互测。

你的职业价值观

你的感想：

笔记处

单元四　职业生涯规划的环境认知

任务一　社会环境认知

经典寄语

马克思说："人创造环境，同样环境也创造了人。"❶这说明人和环境的良好互存、互动、互进的关系。人类通过社会实践活动改造了自然，使自然成为适于人类生存的社会环境；社会环境反过来又启迪、陶冶、教育了人类，使人类变得更加完美和高尚。

故事探微

一个创业成功的职业生——阿琳❷

阿琳所读的是某所学院的专科，所学的历史学专业较为冷门。对于这样一个专业，未来就业前景不被看好。但阿琳并没有因此放弃学习，她在努力学习自己专业课程的同时，还注重选修课的学习。大一下学期的时候，阿琳看到一门关于"中国古代服饰史"的选修课，想到自己先前经常涂鸦的那些"古代仕女"，兴趣油然而生。

阿琳悄悄地去上这门选修课，如饥似渴地记录着老师的生动讲解。中国古代服饰的美轮美奂，服饰背后文化的博大精深，使得阿琳如痴如醉。这门课程的主要参考书——沈从文的《中国古代服饰研究》，她看了一遍又一遍。为了能够

---

❶ 马克思，恩格斯. 马克思恩格斯选集（第一卷）[M]. 北京：人民出版社，1995：92.

❷ 付中承. 职业生涯规划 [M]. 郑州：河南大学出版社，2008：14-16.

笔记处

充分利用图书馆不多的上网机位，她经常在没有课的早晨早早地等在门口，准备"抢占"位置，上网查找一些服饰的图文资料。一次课堂讨论中，由于平时的钻研，她的发言质量很高，老师和同学们对她刮目相看，阿琳自己也感到了强烈的自信。

一次偶然的机会，阿琳在网上发现上海有一个高职生社团，倡导"汉服"复兴，里面有一位成员是时装设计专业的学生，自己设计制作古代的汉族服装。阿琳通过电子论坛和邮件与他建立了联系，一起探讨问题，成为志同道合的朋友。学期快要结束了，阿琳自己精心挑了一些布料，请朋友帮自己做了一套古雅大气的汉代曲裾（古代深衣之裳计有十二幅，皆宽头在下，狭头在上，通称为衽，接续其衽而钩其旁边者为曲裾，此服装在先秦至汉代较为流行）。

阿琳穿着曲裾去上了最后一节课，引起了很大反响。很多同学非常羡慕，也要阿琳帮自己联系做这样的服装。阿琳爽快地答应了。在她的热心帮助下，先后有十多位同学拿到了满意的汉服。这时，阿琳萌生了一个想法，自己将来可以和朋友一起创业，主推中国古代服饰。

为了实现这个目标，阿琳与一位朋友进行了深入的调研。两人首先选择了成本最小的网络开店方式，注册了自己的店铺。开始时并不顺利，小店几乎无人问津，但阿琳并不气馁。为了把自己的店铺装点得更有特色和品位，她给自己制订了学习计划，去进修网页制作，提高拍摄技巧。她还绞尽脑汁给每套服装取了富有古典意味的名字，用古诗词做注解，并邀请一起上选修课的同学，排练了关于唐代婚礼服饰展示的节目，参加校庆的学生文艺节目汇演，引起了轰动。在她的努力下，她的小店铺开始逐渐地在学校里有了名气，也接到了不少定做服装的订单。20岁不到，阿琳成了"小老板"。

毕业后，阿琳决定继续自己的创业之路。一年的创业经历，不仅让她有了经济上的收获，更重要的是使她坚定了信

笔记处

心和方向。钻研服饰让她感到充实和快乐。她觉得自己的工作是有意义的，因为她不仅在"卖衣服"，还在一点一滴地推广着中国传统服饰文化。

问题思考

1. 什么是社会环境？怎样理解社会环境？
2. 请画出阿琳的生涯路线简图，标注上各个时期的关键点，如大学、毕业、工作、创业等，你从中得到什么启示？

知识殿堂

个人的生存和发展在很大程度上是由社会造就的，与社会的需求息息相关。因此，我们的职业生涯规划与社会环境不适应，就难以发挥其有效性。只有达到二者相适应，才能取得最好的效果。

一、社会环境的概述

《辞海》中对社会环境的解释是：在自然环境的基础上，人类通过长期有意识的社会活动所创造的人工环境，如城市环境、工业环境、农业环境等，是人类物质文明和精神文明发展的标志，并随着人类社会的演进不断丰富和发展。

职业生涯规划为什么要了解社会环境呢？原因基于以下几点。

（一）社会环境为个人的职业发展提供了保障

党的二十大报告指出："在幼有所育、学有所教、劳有所得、病有所医、老有所养、住有所居、弱有所扶上持续用力……建成世界上规模最大的教育体系、社会保障体系、医疗卫生体系……人民群众获

笔记处

得感、幸福感、安全感更加充实、更有保障、更可持续，共同富裕取得新成效。"❶我国政治稳定、经济稳定，百姓生活幸福，这些前提条件为每个职业生的职业选择提供了尽可能多的机会，给每个人的职业发展提供了坚实保障。因此，我们每个人都要珍惜和保护我们所处的社会环境，才能在这个和平的社会环境中大展身手，实现自己的理想。

（二）社会环境改变人生的发展轨迹

在通常情况下，环境决定人，而不是人决定环境。一个人如何发展，首先要学会适应社会环境。例如，政治与经济是相互影响的，政治不仅影响一国的经济体制，而且影响企业的组织体制，从而直接影响到个人的职业发展，决定着个人的职业追求。

（三）社会环境为个人提供职业选择机会

稳定的社会环境造就良好的经济发展环境，企业大量涌现，个人职业选择的机会就会比较多，有利于个人职业的发展；如果没有良好的经济发展环境，企业就会减少，个人职业选择的机会就相应减少，个人职业发展也会受到限制。

二、社会环境的分类

（一）宏观社会环境

从宏观角度分析，社会环境主要包括社会政治环境、经济环境、法律环境、科技环境和文化环境等方面，全面了解国家或地区政治、经济、科技、法律、文化建设的现状与发展趋势，了解社会环境为我们提供的职业与职业保障，从而科学分析社会职业岗位的数量和结构，科学把握社会职业岗位的随机性和波动性，科学界定不同职业的认定、进入和调整的深度、广度与尺度。进而言之，社会环境决定着社会职业结构的变迁，从而也决定了人的职业生涯的变动规律性。

社会文化环境是影响人民行为、思想的基本因素。社会文化环境从广义来看，是人类所创造的一切物质、制度和精神的总和。它包括物质文化、制度文化和精神文化等方面。一个人生活在社会环境中，

---

❶ 本书编写组. 党的二十大报告学习辅导百问 [M]. 北京：党建读物出版社、学习出版社，2022：8.

必然要受到社会文化价值观念的影响。社会文化价值观念正是通过影响个人价值观念而影响个人的职业选择。如中国传统文化崇尚学而优则仕，官本位思想严重，轻视经商、服务业等，这些文化观念都在一定程度上影响人们的职业生涯规划和选择。

（二）微观社会环境

从微观角度分析，社会环境主要包括社会各行业对此人才的需求状况、社会中各种人才的供给状况、当前就业政策、社会价值观的变化等方面，全面、深入分析人才需求、人才供给、就业政策、价值观变化的现状和发展趋势，充分了解这些因素对职业生涯的影响和带来的变化，以便通过人才的供需状况、政策和社会价值观的变化进行分析，使自己认识到所具备的知识和技能是否为社会所需要，有何优势，有何不足，并做出相应调整，以期在竞争中获胜。

总之，在社会环境分析过程中，需要我们通过阅读各级政府出台的相关政策、规划等，了解国家及地区的发展战略；需要我们了解信息时代国际社会的发展，拓宽自我的分析视野，确保分析全面、细致。尤其要注意分析自己理想就业地区的社会环境，特别是该地区的经济、法律、技术发展现状和趋势，以及具体行业或企业的环境发展现状和趋势。

思政拓展

"垫球"游戏

通过体验"垫球"游戏，思考在社会环境中应该怎样规划自己的人生，或者应该怎样利用社会环境更好地为自己的职业生涯服务。

游戏目的：了解目标管理的重要性，提升组员进行目标管理的能力。

游戏人数：不限，人数较多时，需要将组员划分成若干个小组，每组8~16人。

游戏时间：15~20分钟。

游戏场地：比较大的游戏场地。

游戏用具：1个大塑料气球。

游戏步骤：

（1）让组员们站成一圈。

笔记处

（2）告诉组员们将要一起挑战一项世界纪录。

（3）告诉组员们他们的任务是让球在空中停留2分16秒，在这段时间内，垫球次数不得少于136次。任何人不得抓住球不放，大家必须通过不停地垫球，使球不至于落地。另外，不允许连续垫球，也就是说，接到球的人必须把球传给另一个人。

（4）如果组员们可以很轻松地实现目标，那么培训师就需要提高难度了。可以通过一个小花招，不着痕迹地提高难度。如培训师可以这样对大家说："抱歉！我刚才读错了，这项世界纪录是这样的。"或者说："刚刚接到通知，今天早些时候有人刷新了这项世界纪录，新的纪录是这样的。"

根据以上过程，请思考：

你是否能够达成设定的目标？

你有突破纪录的目标打算吗？

笔记处

任务二　职业环境认知

只有充分了解职业环境，才能更好地利用职业环境，改善职业环境。这样对于自我职业生涯的发展，能够带来如虎添翼的效果。"环境改变人"就是这个道理。

故事探微

校企合作中的她成为同学们学习的榜样

某高职院校的孙晓静同学是20级虚拟现实二班的学生。她在校期间，学习刻苦，成绩优秀，获得过两次一等奖学金。同时，孙晓静同学为人真诚，团结同学，热爱集体，积极参加学校的活动，曾获得过摄影大赛一等奖，很受老师的喜爱。

由于孙晓静同学表现优秀，指导老师让她成为学院首批校企合作的学生，并让她成为校企合作的学生带头人。孙晓静同学为了把课内知识与实践相结合，决心利用校企合作的机会，使自己的能力和技术再上一层楼，为将来走上职场打下坚实的基础，为此进行了规划。孙晓静同学规划的内容，一是熟悉合作企业的企业文化、规章制度、工作流程等。二是熟悉适应企业学习场所、实习实训场所，使自己快速融入其中。三是处理好企业实训、学习与专升本之间的关系。四是实训期间适应各种学习、工作、生活环境。

由于孙晓静做了充分准备，在校企合作中的半年中，她取得了优异的成绩，获得了校企合作奖学金和校企合作优秀学员，成为同学们学习的榜样。

笔记处

问题思考

1.什么是职业环境？

2.影响职业环境的因素有哪些？

知识殿堂

一、职业环境及其分类

职业环境指一个职业人所处的自然环境、软硬件设施以及人与人的关系所构建的一个综合环境。根据职业环境的规模、功能和培养人才目标的不同可分为校内虚拟"职业环境"和校外真实"职业环境"。校内虚拟"职业环境"指实训场所的布局与工厂实际环境基本一致，实训仪器设备功能与生产一线的设备功能基本一致，工作要求及工作规程标准与企业规章基本一致。校外真实"职业环境"指社会中能够提供就业，并且产生经济效益的担负社会经济发展任务的各式各样的公司、企业等真实的单位或部门。

二、职业环境的要素

职业生在进入真实职业环境前，除了认真分析企事业单位的情况，如企事业单位的发展现状、发展前景、内部运作方式及其在本行业发展中的地位等，重点考虑职业环境的以下要素。

（一）组织文化

组织文化，也被称为企业文化，指全体员工在长期的生产、经营与服务活动中形成、发展起来的目标、价值标准、基本信念与行为规范等，这种文化对组织的经济效益和发展前景起着重要影响，对员工的行为规范、精神风貌起着促进和制约作用。如果自己的价值观念和行为方式与单位的文化不符或相悖，将很难推进个人的职业生涯的顺利发展。

（二）组织的发展战略

个人的职业生涯规划不能与社会的发展战略相违背，也不能与组

笔记处

织的发展战略相违背，否则只能使自己规划的职业生涯束之高阁或走向不应该走向的道路。因此，分析组织的发展战略，将使我们及早明确自己的发展目标和奋斗方向。在分析组织的发展战略时，主要清楚分析所选择组织未来发展的目标是什么，有什么阶段性的发展目标，目前组织所处的发展阶段等。

（三）组织的人力资源状况

主要分析组织机构，包括管理职位、专业技术职位的设置等；用人制度，包括员工的聘用办法、升迁渠道与办法等；薪金发放办法与绩效管理办法等，了解个人待遇可提升的空间；教育培训办法，该单位为其员工提供的教育培训条件与机会；现有人力资源的情况，数量是否充足、结构是否合理、素质是否优良等。

职业生涯规划不是空中楼阁，需要结合企事业单位的实际情况，找出自己在学习期间的努力方向、求取的学习标准和达到的奋斗目标，为顺利进入职业世界，走好自己的职业生涯奠定良好的基础。

思政拓展

"撕思人生"——教你如何思考人生

你一定会经常思考自己的人生，那么我们这一生应该如何度过呢？现在，我们来做一个游戏。选择一块纸条，用它来代表你一生的时间，假设每个人的寿命是100岁，请同学们按照先后顺序代表以下时间的一定长度的纸条亲手撕去。

（1）撕掉你已经过完的年龄。

（2）撕掉退休后的时间。

（3）撕掉睡觉的时间。

（4）撕掉看电视的时间。

（5）撕掉看手机的时间。

（6）撕掉吃饭的时间。

（7）撕掉双休日时间。

经过一个艰难的撕纸过程，把你的心理感受写下来吧。

笔记处

职业生涯规划与发展指南

自己手里的纸条随着被一次次撕掉而慢慢变短，最后只剩下短短的一截，对此，说说你的感受。

通过这样一个活动，你还觉得你的从业时间很漫长吗?

面对如此碎片化的时间，你打算如何最有效地利用它?

如何更好地利用你的黄金时间处理好自己的工作、生活、学习呢?

笔记处

任务三　就业环境认知

经典寄语

环境是职业生涯顺利进行的舞台，只有丈量好这个舞台，进行准确评估，才能在这个舞台中扮演好自己的角色。就业环境也是这个舞台的重要部分，每个人只有了解就业环境，对就业环境有一个正确的认知，才能更好地发挥自己的才能。

故事探微

顶岗实习也能干大事

又到了顶岗实习的一年，张文康同学像其他同学一样，带着万分不舍的心情，离开了美丽的校园，到了一家公司顶岗实习。

张文康同学是我院视觉传达系装潢艺术设计专业的一名学生，在校期间，他学习成绩一般，表现平平，但有一个优点，就是认准的事情很快就能上手，且能认真钻研下去，不出效果绝不罢休。

起初，张文康同学认为顶岗实习无非就是到实习单位跑一跑，然后填填表，盖盖章，完成数据填报，就算完事了，也没有认真对待，这个想法也是大部分同学在顶岗实习中的想法。但是在顶岗实习的过程中，张文康同学发现事情并没有自己想得那么简单。

张文康同学在实习单位发现，一是对实习学生的要求完全按照正式员工对待，二是必须保质保量地完成各项工作，三是必须完全遵守实习单位的所有操作规范和规章制度，四是还有原学校指导老师的跟岗管理，五是获得相应的劳动报酬。由于这些要求，一下子打破了张文康同学的原有想法，使张文康同学不知所措。值得庆幸的是，张文康同学迅速调

笔记处

整了状态，仅用了一个月时间，工作就能干得得心应手。

工作质量受到实习企业的肯定，学校带队老师及时对在顶岗实习中表现出色的学生进行了表彰。第三个月发工资的时候，竟然拿到了6800元，这是张文康同学万万没有想到的。

自此以后，张文康同学深刻地认识到娴熟地掌握一门专业技术是多么重要。等到顶岗实习结束时，张文康同学自然也就被顶岗实习企业留下，成为正式员工。

顶岗实习认真对待，就能缩短由学生到社会人的过渡转化期。如果认真对待，对今后的职业生涯发展将会产生积极的作用。

问题思考

1. 如何把握就业现状？
2. 怎样理解就业政策？

知识殿堂

对于职业院校学生职业生涯规划而言，择业才是真正迈上了职业生涯之路。对就业环境的分析，直接关系到职业生涯规划能否顺利实施。

一、就业现状分析

2012年后，我国进入新时代，中国新技术、新工艺、新材料、新设备快速发展。这为注重技术技能教育的职业院校带来了极好的发展契机，为莘莘学子提供了大量就业机会。从经济和就业发展规律上来看，经济形势好，就业形势就好，就业率由经济发展状况决定，但是就业压力也会长期存在。

笔记处

当今，整个社会就业工作面临着以高校毕业生为重点的青年就业工作、农村转移劳动力、城镇困难人员、退役军人就业工作为主的"四峰叠加"的局面。并且，这些人员的知识素质、技能素质极其不均，这就更增加了就业的难度。可是这种不平衡和难度，却给我们职业生就业带来了广阔的空间。随着国民经济的快速发展，我国对劳动者素质提出了高要求、高标准，职业生将在与其他劳动人口就业的竞争中，展现出自身的知识和能力优势。

二、就业政策分析

就业政策也是影响职业生涯规划与选择的重要因素。我国政府越来越重视制定就业的相关政策，引导就业市场合理有序的发展。从党的十八大报告到党的二十大报告，就能看出我国的就业政策随着社会的发展而发展。

党的二十大报告指出："实施就业优先战略。就业是最基本的民生。强化就业优先政策，健全就业促进机制，促进高质量充分就业。健全就业公共服务体系，完善重点群体就业支持体系，加强困难群体就业兜底帮扶。统筹城乡就业政策体系，破除妨碍劳动力、人才流动的体制和政策弊端，消除影响平等就业的不合理限制和就业歧视，使人人都有通过勤奋劳动实现自身发展的机会。健全终身职业技能培训制度，推动解决结构性就业矛盾。完善促进创业带动就业的保障制度，支持和规范发展新就业形态。健全劳动法律法规，完善劳动关系协商协调机制，完善劳动者权益保障制度，加强灵活就业和新就业形态劳动者权益保障。"❶在这里，包含了职业教育的新理念，即改革创新、提高质量、办出特色；包含了职业教育的新模式，即改革人才培养模式和提高人才培养质量。可见，党的二十大报告对"就业优先战略"规定得更加详细，更具有指导性和可操作性，非常符合新时代发展的需要，为广大学子就业带来了福音。

总之，就业形势带来的压力和就业政策带来的就业标准，使我们在设计自我职业生涯和自我学习的时候，就能全面分析在竞争中

---

❶ 本书编写组. 党的二十大报告学习辅导百问［M］. 北京：党建读物出版社、学习出版社，2022：36.

笔记处

的优势与劣势，挖掘自身的优势，并做好充分的准备，在竞争中脱颖而出，帮助我们制订适合自己的职业生涯规划，确保取得职业生涯的成功。

思政拓展

热门职业——就业环境里的万花筒

社会从来不缺热门职业，请从网络上或一些专业机构，搜索目前或将来最热门职业的信息。收集结束后，填写完成表1-1。在表格的右下方注明资料来源，以增加真实性。

表1-1 热门职业信息表

职业名称	所属行业	工作内容	工作形式	对从业人员的要求

表格填写完毕后，和同学一起讨论以下话题，并把讨论的内容写在横线上：

1. 这些热门职业属于什么行业的最多？

2. 这些热门职业的出现反映了怎样的经济社会发展趋势？

3. 在自己的专业领域中，有没有可能出现社会急需的新型职业？

4. 据此综合判断，未来我们的就业环境怎么样？

笔记处

单元五　职业生涯规划的目标、制订与实施

✅ 任务一　职业生涯规划目标

💬 经典寄语

　　一切目标，无论起初规划得多么完美，如果不能随着时间的流逝而进行某些调整、更新，中途就可能夭折，无法达成目标。目标需要根据情况的变化，做出某些调整和修正，才能更科学地进行职业生涯规划。

💬 故事探微

孔子的人生之路❶

　　《论语·为政篇》中记载了中国古代思想家、教育家孔子的观点："吾十有五而志于学，三十而立，四十而不惑，五十而知天命，六十而耳顺，七十而从心所欲，不逾矩。"按照孔子的这一思想，人生可划分为七个阶段。

　　第一阶段：学前期（0～15岁）。在这段时期，人的心智开始形成，开始学习生活中的基本知识。基本知识不只是知识的学习，还有德行的学习，只有德才兼备才算为人生的发展奠定了基础，所以年轻时的学习切不可偏颇，重智轻德或重德轻智都是残缺的人生学习路。这一时期的学习主要靠家长的安排或受外界环境的影响，通常并非主动学习。

---

❶ 付中承. 职业生涯规划［M］. 郑州：河南大学出版社，2008：102－103.

职业生涯规划与发展指南

笔记处

第二阶段：立志学习时期，并开始社会实践（15~30岁）。与学前期相比，这一阶段的学习更为主动积极，并且与个人志向相结合，是有目的的学习阶段。既由外在行为化为内在行为，行为的力量又超过了物质的表象，在追求某种精神和心灵的人生标准线上，已积累够人生所需的知识。

第三阶段：自立时期（30~40岁）。这一时期人的心智已经完全成熟，懂得许多道理，并且在经济和人格上都独立了。"内心不再惶惑"就是此阶段的真实写照，它让我们不再事事去询问他人，不论物质还是精神的需求完全可以自我选择和取舍，对自己所处立场是坚定不容置疑的。

第四阶段：不惑时期（40~50岁）。经过多年的学习与实践，已形成完整的个人见解，不被外界事物所迷惑，办事不再犹豫，行为果断。此时的人生一半已尽，此时的境界是内心的定力几乎可胜过外界的任何诱惑与干预。

第五阶段：知天命时期（50~60岁）。丰富的人生经验可以让人认识自然规律，懂得自己的人生使命。外无纷争，内无压力。

第六阶段：耳顺时期（60~70岁）。总结经验，能够冷静地倾听别人的意见，明真伪，辨是非。时时事事能极其忍让，理解他人并包容他人，凡事都是站在他人的出发点了解他人的行为，胸中生出的是一种悲天悯人的气度。诸事于他已是波澜不惊，更多的是为他人着想给他人以帮助。

第七阶段：从心所欲不逾矩时期（70岁以上）。处于这个阶段，能够做到言行自由，同时不违背客观规律和道德规范。能做到顺从自己的心思，依心所想依心而做，没有任何力量可以阻挡与抗拒。这是经历近一生的思索、实践、磨砺才可以达成的境界，达此境界的内心价值体系完全可以把外界的一切压力变成自己行为的张力。

笔记处

> 1.通过阅读《孔子的人生之路》，思考自己的人生目标是什么。
> 2.根据孔子的人生发展目标，制订自己的职业发展规划。

知识殿堂

党的二十大报告指出："全面建成社会主义现代化强国，总的战略安排是分两步走：从二〇二〇年到二〇三五年基本实现社会主义现代化；从二〇三五年到本世纪中叶把我国建成富强民主文明和谐美丽的社会主义现代化强国。"❶作为高职生，正处于人生的探索期，不仅要学知识、锻炼技能，还要注重学术的交流和精神上的交往，更要在国家规划的指引下，明确地制定人生的奋斗目标，并向着目标努力提升自己，最终达到自我实现。通过职业生涯规划的学习、探索和思考，可帮助我们尽早明确人生发展的大方向或目标，并愿意为之付出长久的努力。

一、目标设定的方法

在设定职业生涯目标时可以采用时间分解法，将目标分为短期目标、中期目标、长期目标和人生目标。

1.短期目标

短期目标通常是指时间在1至2年内的目标，使中期目标和长期目标的具体化、现实化和可操作化，如对专业知识的学习、两年内掌握的业务知识、职业选择等。短期目标通常可以分解为很多小目标，如一个月甚至一周的目标。在设定短期目标时，需做到：

---

❶ 本书编写组. 党的二十大报告学习辅导百问［M］. 北京：党建读物出版社、学习出版社，2022：18.

笔记处

（1）具备可操作性。

（2）明确规定具体的完成时间。

（3）对实现目标有把握。

（4）服从于中期目标。

（5）自己选择，或经企业、上级安排被动接受。

（6）需要适应环境。

（7）切合实际。

2. 中期目标

中期目标一般为三到五年，相对长期目标要具体一些，如规划到不同业务部门当经理，从大型公司部门经理到小公司做总经理等。在设定中期目标时，需做到：

（1）通常与长期目标保持一致。

（2）结合自己的志愿和企业的环境及要求来制定的目标。

（3）用明确的语言来定量说明。

（4）对目标实现的可能性做出评估。

（5）有比较明确的时间，且可做适当的调整。

（6）基本符合自己的价值观，充满信心，愿意公布于众。

3. 长期目标

长期目标是时间为五年以上的目标，通常不具体，可能随着企业内外部形势的变化而变化，在设计时以画轮廓为主。如规划30岁时成为一家中型公司的部门经理，规划40岁时成为一家大型公司副总经理等。在设定长期目标时，需做到：

（1）有可能实现，具有挑战性。

（2）对实现充满渴望。

（3）非常符合自己的价值观，为自己的选择感到自豪。

（4）认真选择，和社会发展需求相结合。

（5）没有明确规定实现时间，在一定范围内实现即可。

（6）立志改造环境。

4. 人生目标

人生目标指整个人生的发展目标，时间长至四十年左右。一般来说，短期目标服从于中期目标，中期目标服从于长期目标，长期目标又服从于人生目标。具体实施目标，通常从具体的、短期的目标开始。

笔记处

二、SWOT分析方法

SWOT分析法又称态势分析法，是一种能够客观而准确地分析和研究一个单位现实情况的方法。SWOT分别是优势（Strengths）、劣势（Weaknesses）、机会（Opportunities）和威胁（Threats），利用这种方法可以认识到自己的优点和缺点，发现外界存在的机遇和挑战，从而可以根据分析的情况，避开不利因素，按照有利于自己的目标方向发展。

SWOT进行分析时，要遵从以下四个步骤进行。

1.自我评估

自我评估需要问自己以下几个问题：自己的性格特征是什么？最大的兴趣爱好是什么？自己的优势或才干是什么？自己讨厌的工作和事情是什么？自己的弱点是什么？什么样的工作能让你充满工作激情？每个人都有自己的爱好和特长，也有自己的缺点，只有从事自己喜欢并能发挥特长的职业，才能快乐开心地工作，体会到工作的乐趣。

2.职业机会和威胁调查分析

在对自己的优势和劣势分析之后，需要对外部存在的机会和威胁进行调查分析。不同的行业情况不同，面临的机会和挑战也不同。列出自己感兴趣的一两个行业以及自己感兴趣的公司，并对这些行业和公司的各种情况进行调查分析。分析之后，结合自己的优势和劣势，寻找出一份适合自己的有发展前景的工作。

3.构造SWOT矩阵

将调查得出的各种因素根据轻重缓急或影响程度等排序，构造SWOT矩阵。在此过程中，将那些对个人职业发展有直接的、重要的、大量的、迫切的、久远的影响因素优先排列出来，而将那些间接的、次要的、少许的、不急的、短暂的影响因素排列后面。

4.制订行动计划

在完成环境因素分析和SWOT矩阵的构造后，便可以制订出相应的行动计划。制订计划的基本思路是发挥优势因素，克服弱点因素；利用机会因素，化解威胁因素。原则是考虑过去，立足当前，着眼未来。运用系统分析的综合分析方法，将排列与考虑的各种环境因素相互匹配并组合，得出可选择的对策类型。这些对策类型包括：

（1）最小与最小对策（WT对策），即考虑弱点因素和威胁因素，目的是努力使这些因素都趋于最小。

（2）最小与最大对策（WO对策），即着重考虑弱点因素和机会因素，目的是努力使弱点趋于最小，使机会趋于最大。

（3）最大与最小对策（ST对策），即着重考虑优势因素和威胁因素，目的是努力使优势因素趋于最大，使威胁因素趋于最小。

（4）最大与最大对策（SO对策），即着重考虑优势因素和机会因素，目的在于努力使这两种因素都趋于最大。

简而言之，SWOT分析中，优势包括学了什么、做过什么、最成功的是什么、忍耐力如何等；劣势即性格弱点、经验或经历中欠缺什么、最失败的是什么；机遇包括现在的就业形势、各种职业发展空间、社会急需的职业；威胁（挑战）包括专业过时、同学竞争、薪酬过低等。

在做SWOT分析时，需要对自己和职业进行分析，有时还需要借助一些工具和方法，所以需要花费一定的时间和精力。但是它会为你制订一个切实可行的、适用的职业规划提供极具价值的参考意见，对一个人的职业规划大有帮助。因此，不管通过何种途径，都要为自己做一个详尽的SWOT分析。

思政拓展

SMART 原则

在制定目标时有一个"黄金准则"——SMART原则（S代表具体、M代表可度量、A代表可实现、R代表相关性、T代表有时限），请根据SMART原则，将你的职业生涯目标进行细化。

你的SMART原则

你的S原则是：

你的M原则是：

你的A原则是：

你的R原则是：

你的T原则是：

笔记处

明晰了你的SMART原则后，你得出的想法是

任务二 职业生涯规划制订

经典寄语

爱因斯坦说："学校的目标应当是培养有独立行动和独立思考的个人，不过他们要把为社会服务看作是自己人生的最高目标。"❶

故事探微

装饰美丽的天使❷

学精细化工专业的小丁制定的职业生涯规划目标是成为化妆品行业的精英。小丁在校期间培养自己对化妆品精细化工的兴趣，认真掌握基本知识、技能，拓展与化妆品开发和营销有关的知识面，锻炼社会能力，提高责任心。毕业后争取进小企业当技术员，然后转到有实力的化妆品公司工作，向自己的发展目标迈进。

小丁默默实践着自己的规划，上课时，她全神贯注地听讲；实验时，她认真操作、仔细观察；实习时，她爱岗敬业、勤于思考；参加实践活动时，她眼勤手快、多思善问。一次，学校组织到一家化妆品企业参观，小丁发现员工向一个容器里喷射着什么，便跑过去请教，得知当室内温度超过35℃时，杂菌产生的二氧化碳会使产品发胀霉变，因此需要预先向容器中喷杀菌剂。小丁经常通过这种方式，既掌握了课本上没有的知识，又锻炼了与人打交道的能力。

她参加工作后的第一个岗位，是一家小化妆品厂的实验室技术员。她运用在校时学过的知识和实验时观察到的现象，发现厂里花高薪请来的专家研制的配方中乳化剂量不

---

❶ 廖建军. 试论爱因斯坦的教育观［J］. 湖南师范大学社会科学学报，1997（2）：122-124.

❷ 蒋乃平. 职业生涯规划［M］. 北京：高等教育出版社，2013：146-147.

笔记处

足，就与这位专家反复推算数据，令专家感叹后生可畏。夏天，车间中气温升高，她想到学生时代参观时获得的知识，向老板提出了使用杀菌剂的建议。

　　小丁在学校里就养成了自学的好习惯。工作后积极搜集资料、反复实验，自创了上百种化妆品，令许多大客户纷至沓来。后来，她参股了一家化妆品公司，担任开发部经理，主管技术和市场。在学生时代注重全面提高职业素养的小丁，在职业生涯发展新台阶上如鱼得水，把公司业务搞得红红火火。

问题思考

1. 读完这个故事，大家如何看待职业生涯规划的制订？
2. 职业生涯规划制订的意义是什么？

知识殿堂

一、职业生涯规划制订的意义

　　对高职学生而言，职业生涯规划一方面可以帮助他们全方位分析和掌握自己的优势与劣势，另一方面可以根据自己的性格特点、兴趣爱好和专业特长等做出清楚明了的职业发展定位，主要包括个人、家庭与社会等维度。

（一）提高个人职业适应能力

　　高职生在校学习期间，专业能力和职业意向处在形成阶段，社会上的各种意识形态与主流就业趋势会影响他们对职业的定位与选择。而现实社会的复杂性与网络空间的隐匿性会让学生的职业选择面临诸多不确定的因素。只有通过职业生涯规划的制定过程，高职学生才可以更清楚地认识自己、了解自己、判断自己、分析自己，进而制订出

笔记处

与时代相符、与自身契合的职业生涯规划。如艺术类学生可以通过心理活动室开展的心理沙盘等方式认识与评价自己，在制订职业生涯规划的过程中打好基础，为后续全方位提升自己、提高个人职业适应能力做准备。

（二）营造良好的成长氛围

职业生涯规划能够营造良好的成长氛围，因为制订自己的职业生涯规划，更容易显现出活泼、认真、努力、和善和易合作的性格特征，在职业生涯规划中挖掘出更多优势资源。同时，一个认真从事职业生涯规划制订的高职学生，其职业生涯规划的有效性和目标性往往也有保障。

（三）为促进经济社会发展贡献力量

现阶段，在全面建成小康社会的基础上，我们正奋勇向前，为实现社会主义现代化强国前进着，然而当今国际形势发生了深刻的变化，正经历着"世界之变、时代之变、历史之变"[1]，人才的竞争成为当前国际竞争的关键所在，正如党的二十大报告所说："加快建设世界重要人才中心和创新高地，促进人才区域合理布局和协调发展，着力形成人才国际竞争的比较优势。"[2]高职院校学生作为我国人才梯队的重要组成部分，如何看待自己的未来职业，如何运用中国特色社会主义思想和社会主义核心价值观进行职业规划，如何运用党的二十大报告的精神谋划自己的职业，对未来有重要影响。因此，应有效引导高职学生在热爱国家、热爱集体和忠诚共产党的基础上，作出职业规划与选择，使其职业规划符合社会主义经济社会发展的方向，并能为社会经济文化的发展贡献个人力量。

二、职业生涯规划制订的重点

根据高职学生年级不同，职业生涯规划的侧重点也会发生变化，因而职业生涯规划制订也应根据各个年级的不同有重点的展开，下文

---

[1] 本书编写组. 党的二十大报告学习辅导百问［M］. 北京：党建读物出版社、学习出版社，2022：45.

[2] 本书编写组. 党的二十大报告学习辅导百问［M］. 北京：党建读物出版社、学习出版社，2022：27-28.

笔记处

以高职学生三年的规划设计为样本进行分析。

（一）高职一年级的规划

对于高职一年级学生来说，初入大学，对大学阶段的学习、生活等方面存在着诸多不适应，学校应该针对这些问题制订解决方案，从职业规划的角度帮助学生树立职业生涯规划的意识，鼓励学生参加职业生涯规划的教育及活动，从根本上了解自我、认识自我。同时让学生了解学校、了解专业，使他们尽快地适应大学生活和学习环境，培养锻炼他们的学习能力、沟通能力、生活能力等。在此基础上，抓好职业生涯规划课程的教学环节，使学生在理论层次了解和掌握职业生涯规划的实质，适时引入职业规划测评工具帮助学生客观地看待自己制定的规划。

（二）高职二年级的规划

对于高职二年级学生来说，首先，更深层次地了解所学专业，通过专业课程的学习，开始接触、了解所学专业日后从事的行业；其次，了解所学专业与自己职业发展的关系，理解职业发展应该具备什么样的专业知识和相关知识，进一步优化知识结构，考虑自己的职业选择，有目的地参加社会实践；最后，较系统地指导他们开展针对性强的职业生涯规划设计，并组织参加比赛，以赛促学、从比赛中提升高职生的职业规划能力。基于此，加强职业信息渠道的建立，掌握就业政策法规，查阅招聘就业信息，及时发布给学生加以分析，使他们了解什么样的工作对他们来说是可行的。

（三）高职三年级的规划

对于高职三年级学生来说，通过在校两年的学习生活，掌握了扎实的专业知识和技能，初入社会应更加明晰自己的职业生涯规划，如专升本继续学业深造、进入公司工作开启就业、通过投资项目开展创业等。在此期间，学生应保持与家庭和学校的联系，调动各方面资源，为毕业做准备。

思政拓展

制订个人学期规划

根据个人实际情况，请从学习、生活、思想、能力等方面提出相关目标，制订一份个人本学期规划。

笔记处

个人本学期学习目标及规划：

个人本学期生活目标及规划：

个人本学期思想目标及规划：

个人本学期能力目标及规划：

✅ 任务三　职业生涯规划实施

💬 经典寄语

　　无论目标有多么明确，多么远大，多么响亮，如果没有具体的措施，仍然是"镜中花，水中月"，仍然是"空中楼阁"。因此，定目标，做计划，加上坚决的行动，才会使自己的职业生涯规划落到实处，才有可能实现自己的人生目标。

💬 故事探微

"蚯蚓"的梦想[1]

　　"蚯蚓"同学在人生的不同阶段梦想进化史如下：

　　1999年，高中毕业典礼上：我发誓要当中国首富！

　　20岁，春节老同学聚会上：我想创立自己的公司，并计划30岁时拥有资产2000万。

　　23岁，在某工厂当技术员，第二职业是炒股：我正在为离开这家厂而奋斗，因为在这里工作太没前途了。我全力炒股，三年内用5万炒到300万元。

　　25岁，炒股失意而情场得意，开始准备结婚：我希望一年后能有10万元，让我风风光光地结婚。

　　26岁，不太风光的结婚典礼上：我想生一个胖小子，不久的将来当个车间主任就行，别的不想了。

　　28岁，所在的工厂效益下滑，偏偏正是妻子怀胎十月的时候：我希望这次下岗名单里千万不要有我的名字。

[1] 庄明科，谢伟. 大学生职业生涯规划［M］.2版. 北京：中国人民大学出版社，2019：6.

笔记处

问题思考

1. 看到以上的案例，你的感想是什么？
2. 如果你是"蚯蚓"同学的朋友，你会提哪些建议？

知识殿堂

确定职业目标并了解生涯制订的意义与高职各阶段制订的内容后，开展实际行动，落实目标成为关键环节。再好的计划若没有实施上的细则，就无法保证计划顺利进行。实施就是要制订实现职业生涯目标的行动方案，没有行动，职业目标就是一个梦想；没有行动，计划毫无价值，目标也毫无意义；没有行动，计划只是纸上谈兵，成不了大业。高职生要使自己的职业生涯规划变为现实，就必须按照计划立即付诸行动。

一、制订行动计划

制订行动计划要做到五点。

（1）计划以年、季、月、周、日为单位，必须把实施行动落实到日常。

（2）详细列出完成目标的时间、地点、方法、步骤、程序、过程、人物、结果等内容，涉及的因素越详细，就越会更好地利用各类资源。

（3）根据目标的重要和关键程度，对计划执行进行优先排序。

（4）检查、总结计划执行情况。常对目标的落实情况和完成程度进行反思，就能查漏补缺。

（5）计划执行的监督。可以邀请家人、老师、朋友、同学等作为个人计划实施监督员，让他们参与计划的制订与实施。

笔记处

二、实施行动计划的举措

（一）立即行动

俗话说，心动不如行动，只有行动才有成功的可能，只有从现在做起，才能完成人生规划。

1.从现在做起

实施计划应立即行动，并设法创造行动条件，绝不能借口条件不足而等待、迟缓。计划实施的过程中，很多问题可能会迎刃而解。

2.从完成当日事做起

当天的事情当天务必完成，让"今日事，今日毕"成为自己的座右铭。日目标的完成情况，直接影响周目标、月目标、年目标等短期目标，直至最后影响到长期目标，所以当日的事情务必当日完成。

3.从养成行动的好习惯做起

行动是习惯，拖沓也是习惯，这种习惯与能力无关。有些人能力很强，但就是因为有拖沓的习惯，使自己一事无成，职业生涯规划就不能实现。有意识地训练自己的好习惯，取代拖沓的习惯，就成为职业生涯规划的必修课。

（二）坚持行动

在校学生要实现自己的生涯目标，只有立即行动还不够，还要不怕困难，持之以恒。

1.认识到前进路上的障碍的必然性

前进的道路并非平坦大道，可能出现各种各样的障碍，可能遇到各种各样的矛盾，如果没有克服障碍，坚持到底的精神，生涯目标就实现不了。

2.认识到前进路上的困难的客观性

困难是客观存在的，只要正确对待，敢于面对困难，就能横下一条心，坚定不移，最终实现目标。

3.认识到前进路上的坚持的重要性

龟兔赛跑的胜利者之所以是乌龟而不是兔子，与乌龟在竞争中具有坚持精神是分不开的。因此，持之以恒，坚持实施行动对职业生涯发展的成功至关重要。

（三）有效行动

有效行动就是行动始终要围绕着目标而进行，要做到这一点，就

笔记处

要对自己的行动加以强化和约束。

1.集中力量向目标前进

集中力量包括集中脑力、集中时间、集中精神、集中物力、集中财力等一切可调动的能量，千方百计、千辛万苦为实现目标而努力，明白何时、何地、如何运行最科学方法，把自己的力量发挥到极限，达到理想的成果，否则目标不可能如期实现。

2.排除无益于目标的活动和干扰

在日常学习和工作中，会有许多无益于目标的活动和干扰，如上网玩游戏、闲聊，不良嗜好会浪费大量时间，是得不偿失的。

3.目标行动不要偏离目标轨迹

目标行动在实施过程中，往往会受到某些阻力，或者受自身习惯的影响而偏离轨迹，发现问题后要及时加以纠正，避免走回头路而前功尽弃。检查行动是否脱离轨迹的依据，是短期目标，特别是短期目标中的周目标、日目标。如果发现行动与目标不符，就应引起注意，调整行动方案。

4.不受他人的影响

在实现目标的过程中，经常会有来自他人的干扰。这种情况，一是说明你的规划引起了其他人的注意，从反面说明你的坚持是对的。二是有不同的看法是正常的，因为自己的目标并不一定非要得到他人的赞同，只要自己认定的目标，就要朝其方向前进，不要在意别人怎么想、怎么说、怎么做。三是在干扰中坚持，就是一种规划能力的验证。

思政拓展

影响职业生涯规划实施的因素

职业生涯规划实施的过程中，会受到各种因素的影响和制约。请你回忆过去，写下你认为会受到哪些因素的影响以及受到影响的程度。

笔记处

1. 影响自己职业生涯规划实施的家庭因素有：
....
....

其影响的程度是：
....

2. 影响自己职业生涯规划实施的能力因素有：
....
....

其影响的程度是：
....

3. 影响自己职业生涯规划实施的环境因素有：
....
....

其影响的程度是：
....

4. 影响自己职业生涯规划实施的经验因素有：
....
....

其影响的程度是：
....

5. 影响自己职业生涯规划实施的学习因素有：
....
....

其影响的程度是：
....

6. 影响自己职业生涯规划实施的价值观因素有：
....
....

其影响的程度是：
....
....

笔记处

单元六　职业生涯规划管理、调整与评价

任务一　职业生涯规划管理

经典寄语

　　王国维在《人间词话》中说："古今之成大事业、大学问者，必经过三种之境界：'昨夜西风凋碧树。独上高楼，望尽天涯路。'此第一境也。'衣带渐宽终不悔，为伊消得人憔悴。'此第二境界也。'众里寻他千百度，蓦然回首，那人却在，灯火阑珊处。'此第三境界也。"俗话说"理想很丰满，现实很骨感"，如果对职业生涯没有好的管理，就难以达到理想的人生境界。

故事探微

督促带来了进步

　　小波来自豫西小山村，在2021年考进了郑州市某旅游学院，学习旅游管理专业。为了学以致用，毕业后在旅游事业上大展身手，实现自己的理想，小波决定在大学读书期间拿下一些旅游证书。

　　小波对自己职业生涯进行了规划，制定了从地方导游做起，两年后做省内导游，再过五年成为国家导游的职业规划。他在老师的建议下，把考取"地方导游"证书的时间定在一年级暑假。在一年级计划中，他要求自己改掉上课"开小差"的毛病，自学与本地人文景点关系密切的历史知识，还要练好普通话。为此，小波和同桌小华互相约定，彼此督促。

笔记处

小波每次对照计划检查自学知识的进度时，都会感到时间急、任务重。因此，他不断督促自己要珍惜时间。可上课爱"开小差"的毛病不好改，幸亏小华上课常提醒他，两个月后小波听课专心多了。对于练习普通话，小波索性把想提前考取导游证的计划告诉家人、亲友、邻居，请大家提醒自己。从此，大家都成了帮小波练习普通话的监督员，他的"乡音"少多了。一年级结束时，他果然拿到了导游证，实现了当初定下的目标。

📶 问题思考 ✈

1.职业生涯规划管理能给自己带来什么？
2.职业生涯规划管理的方法有哪些？

📶 知识殿堂 ✈

　　管理是一种能力，学会管理自己是管理他人的基础。管理能力是一种与职业生涯规划和发展密切相关的能力。管理职业生涯规划的目的在于纠正自我，并把制定的措施落实到位。

一、职业生涯规划管理的内容

（一）对自我的管理

　　高职生职业生涯规划管理是高职生结合自己的兴趣、性格、能力、技能、价值观、自身条件、个人等为自己设计的职业发展计划，它以个体的价值实现和增值为目的，谋求个人现在和将来的持续发展。高职生职业生涯规划管理有一定的引导性和功利性，能够帮助高职生完成自我定位，克服规划实现过程中遇到的困难与挫折。

　　高职生职业生涯规划管理应该贯穿于整个高职生涯阶段，不过由于学生并未进入职场，其职业生涯规划管理大多在理论指导下进行，

笔记处

所以具有理论性强，但可行性较差的特点，因此需要在进入职场前和进入职场后不断调整。

（二）对自我和实践关系认知的管理

高职生职业生涯规划管理过程应注重与实践相结合。由于高职生并未真正进入职场，只是部分地了解自己，而对职业环境知之甚少，所以对现实的认识难免存在偏颇。高职生职业生涯规划管理应该着眼于力求满足自身职业发展需要。

因此，实行有效的职业生涯规划管理，必须了解在实现职业目标过程中会遇到的问题、解决这些问题的方法、职业生涯是有明显特征的阶段、每个阶段的典型矛盾和困难、解决和克服矛盾和困难的方法。在掌握这些知识之后，才可能制订可行性强的职业生涯规划管理计划。

由于对职业过程和组织文化的了解源于真实的职场体验，所以高职生在进行自我了解和初步的职业生涯规划管理设计之后，就要有目标地去体验职业和职场，即实习和实践，而实践本身也是高职生职业生涯管理的一个重要内容。

（三）对既定目标的管理

职业生涯规划目标确定后，并不能一劳永逸，主要原因是社会发展和变化太快。为了应对这一现实，必须对职业生涯管理的既定目标进行有效管理。做到这一点，就要处理好对职业生涯规划的实行、组织、指挥、协调和控制，才能高效率地完成既定目标。

对于高职生来说，"实行"指学生时代发展规划的落实；"组织"指以各种具体行动来推进规划的实施；"指挥"指按规划部署执行进度，并及时激励自己，强化必胜的信念；"协调"指处理好与同学、老师、集体和社会的关系，从而形成良好的发展环境；"控制"指掌控自己的时间，监督自己的行动，约束和矫正自己的行为。加强职业生涯规划的管理，就是要从这五个方面来落实，高效率地完成自己制定的发展目标，为职业生涯长期的发展打好基础。

二、职业生涯规划管理的方法

（一）时间管理法

时间管理就是我们有意识地运用预期、评估、计划等手段安排自

笔记处

己生活中各项事务，合理高效地支配、利用时间。时间管理的原则是"预先计划，追求效率"。预算计划能使我们对自己的时间安排有整体的把握，不至于总被事情追着跑而失去了原本希望实现的目标；追求效率使我们在有限的时间里产出更多的成果。

在这一原则下，我们可以通过"四象限"法，以"重要—不重要"作为横坐标轴，"紧急—不紧急"作为纵坐标轴，建立一个四象限的坐标图（图1-1）。

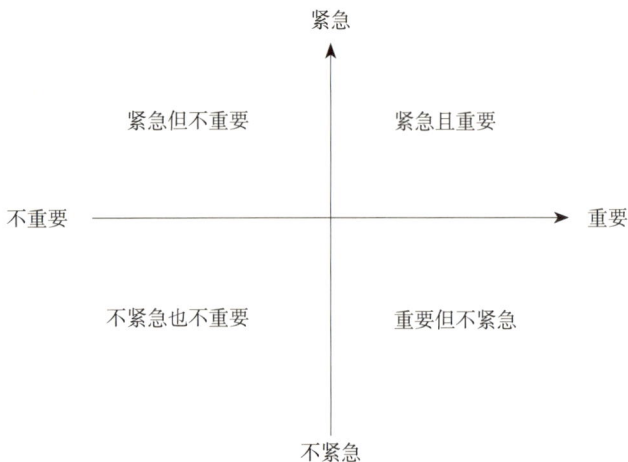

图1-1 时间管理"四象限"法

1.紧急且重要的事情

事情的重要性很高，而且需要立即行动，不然就贻误时机。这一类事情给我们的压力最大，但是如果完成得好，收效也最大、最及时。它们在我们的时间安排上应该处于优先的位置，应尽量在最快最短的时间内完成这些事情。

2.重要但不紧急的事情

事情的重要性很高，可能对于我们有影响深远的意义，但它不需要立即完成，或者不可能在短期内完成，如学习新知识、新技能等。这一类事情通常具有较大的挑战性，困难程度也高，它的收益是中长期的。它们在我们的时间安排上应该处于比较中心的位置，我们应尽量投入主要的精力和时间。

3.紧急但不重要的事情

事情本身的重要性不高，但有时间上的压力，需要尽快采取行动。这一类事情如果能够不做就坚决而巧妙地说"不"。如果必须要

笔记处

做，就尽快采取行动，在最短的时间内把它完成。

4.不紧急也不重要的事情

事情基本上没有什么重要性，也没有必须完成的需要。例如与朋友闲聊、打电子游戏、看电视剧等，这类事情通常比较放松、简单，并不是不可以或不应该去做，但它们在自己的时间安排上应该摆在最后的位置，并且严格限定时间段，如打网络游戏的时间不要超过两个小时等，以防自己沉溺到这些既不紧急又不重要的事情中。

在我们的生涯规划中，关系到我们中长期生涯目标的事情一般都是重要但不紧急的事情。完成这些事情的挑战难度大，又没有特别的时间压力，我们在本能上就容易拖延逃避，把时间耗费在其他一些不重要的事情上。因此，我们要特别注意安排好这一类事情的时间投入。

（二）学习管理法

每个人的职业生涯发展都离不开学习。学习让我们的生涯宽度不断拓展，学习为我们带来无限的可能性。学习不是盲目的，要讲究方法和技巧。因此，对学习进行管理，能够使我们的学习取得事半功倍的效果，享受到学习的乐趣，进而养成学习的良好习惯，为自己的生涯发展添加动能。

1.明确学习目标

学习目标解决的是"为什么学"的问题。学习目标可以是提升自己的一般素质，可以是掌握某种专业技能，可以是陶冶身心，获得愉快享受……由于可提供我们学习的东西浩如烟海，我们只有取我们所需要的和所用的，做到这一点就要制订好学习目标。学习目标应与生涯规划结合，或者说，学习规划本身就是生涯规划的一部分。在我们做出生涯选择和决定、确定生涯发展方向的时候，就应明确自己下一阶段的学习目标。

2.寻找和利用学习资源

学习资源解决的是"从哪里学"的问题。学习需要有一定的资源来支持，这些资源主要有三方面来源。一是学校资源。如老师讲的课、图书馆和资料中心的图书，这些是学生学习最主要的资源。又如学生社团组织的活动，学校组织的讲座等，也是应当好好利用的资源。二是校外资源。校外的学习资源主要包括图书馆、书店、博物馆、社会讲座、博览会等，都是社会上取之不尽用之不竭的学习资

笔记处

源。三是网络资源。必须利用好融媒体，充分挖掘网络学习资源，如专业搜索引擎、专业信息网站、音视频网站等。有效利用这些学习资源，不断丰富自己的知识，对自己职业生涯发展的作用，会随着走向社会、走进职场，作用日益明显。

3.找到适合自己的学习方法和策略

恰当的学习方法和策略解决的是"怎么学"的问题。学习方法和策略得当，能够提高学习的效率，扩大学习的成果，享受学习的乐趣，强化对学习的信心。找到恰当的学习方法和策略，一方面需要根据学习的目标和内容来确定，如为了提升自己的专业理论素养，学习系统的学科知识，需要集中的知识强化学习；为了掌握某种专业技能，需要积极参加相应的实践活动。另一方面，需要了解自己的学习风格，也就是说，了解自己更喜欢、更擅长用怎样的方式来认识事物。如果在学习中采取的方法、策略顺应自己的学习风格，能够增加学习的有效性。

4.制订学习计划

学习计划解决的是"何时学"的问题。学习计划需要落实学习行动，保证在时间上得以顺利组织与执行。一个合适的学习目标最后能否实现，很大程度上取决于学习计划安排是否合理。学习计划的落实和实施，可以采用"表格法"，把学习目标分解成具体的学习任务，便于监督学习进程和检查学习效果（表1-2）。

表1-2　学习计划表

学习目标			
时间	学习活动内容	预期学习效果	完成情况

（三）休闲管理法

当今社会的高速运转，每个人的脚步都难以停下。列宁说过："不会休息的人，就不会工作。"休闲不是浪费时间，是为了更好地利用

笔记处

时间，使时间利用率更高、效果更好。在校学生，同样要处理好"学习时间"和"休闲时间"的关系，以更好地促进职业生涯规划管理，最终实现自己的职业生涯目标。做好休闲管理，需要认识休闲的三大功能和三个原则。

1.三大功能

（1）放松。学习和工作都是有压力的价值追求过程。我们必须投入精力、付出努力，从而取得一定的效果。学习和工作必然会给我们带来精神上的紧张和体力上的消耗。因此，能够把所有的目标都抛在脑后，解除身心压力，是我们在闲暇时间希望达到的状态。绝大多数的休闲活动都有这种功能，散步、体育运动、听音乐、写日记等都是非常好的具有放松功能的休闲方式。

（2）娱乐。除了放松的状态外，获得快乐以及其他学习各种难以获得的情绪体验也是休闲的重要功能。这些休闲活动往往也需要投入体力和精力，但并不期待什么实际的效果，仅为了愉悦身心。看球赛、唱歌、旅游等是具备娱乐功能的典型休闲方式。

（3）发展。这是休闲活动的最高层次功能。由于社会分工的原因，职业工作要求术业有专攻，个人发展和职业发展并不是完全重合的。那么我们可以通过休闲活动，利用我们某方面特有的才智，进行深挖深耕，反而能够满足我们多方面、非功利性的发展愿望。如参加琴棋书画艺术活动等，既疏解了自己的工作压力，达到了娱乐效果，还能够实现个人发展，是发展功能突出的典型休闲方式。

2.三大原则

（1）时间。休闲活动需要占用时间，如果休闲活动占用的时间过多，则学习、工作的时间或者睡眠等生理必需的时间就少了。因此，在安排休闲活动时，必须遵循时间管理的原则，正确定位休闲活动的性质，删减某些不紧急、不重要的休闲活动，或对其进行严格的时间限定。

（2）金钱。休闲活动需要花费金钱，安排得好，能够让自己的学习、生活和工作锦上添花；安排得不好，会令学习成绩、生活质量、工作效率严重下降。因此，选择休闲活动时必须遵循量力而行的原则，选择适合自己经济能力的休闲方式。

（3）健康。很多的休闲活动需要耗费体力和精力，如果休闲活动在获取快感的同时损害身心健康，就得不偿失了。有一些休闲活动不仅对自己有害，甚至会侵犯他人的权利，危及社会的安定。因此，选择休闲活动的时候，必须遵循有益身心的原则，拒绝不良的休闲方式。

思政拓展

时间日志表

请你把一周内都做了什么，填写到表1-3内，以重新认识自己目前的时间分配状态，填写完毕后，回答表后的问题。

表1-3 一周事务表

日期	活动内容概要	活动持续时间	成果评估
星期一	1. 2. 3. ……		
星期二	1. 2. 3. ……		
星期三	1. 2. 3. ……		
星期四	1. 2. 3. ……		
星期五	1. 2. 3. ……		
星期六	1. 2. 3. ……		
星期日	1. 2. 3. ……		

笔记处

紧急且重要的事情：

重要但不紧急的事情：

紧急但不重要的事情：

不重要也不紧急的事情：

回答完以上问题后，请思考以下问题：

你的时间在它们之间的分配比例如何？

你觉得合理吗？

是否有需要改进的地方？

打算怎样改进？

笔记处

💬 **经典寄语** ✈

　　俗话说：计划没有变化快。对于自己碰到的问题和遭遇到的环境，需要进行及时调整。发展规划需要随时而变、随事而变、随势而变，一成不变的发展规划形同虚设，职业生涯规划随着时间的推移做出某些调整、更新，是职业生涯规划成功的必要步骤。

💬 **故事探微** ✈

白龙马与小毛驴

　　传说白龙马就要和唐僧去西天取经了，临行前他去和他的好友小毛驴告别。白龙马："驴兄，我明天就要和'唐唐'去西天取经了，以后你可要照顾好自己，等我回来哟"。小毛驴："什么？什么？你说你要去西天取经。不是吧！我听说去西天，有十万八千里那么远，哪一天才能走到呀？我还听说，在去西天的路上有许许多多的妖魔鬼怪，好凶好凶的！可别经没取到，把小命给丢了。我看你呀还是听我一句劝，别去了，像我这样每天推推磨，多好呀！风吹不到、雨淋不着的，主人每天都会把草料准备好，根本不用操心温饱问题。悠然自得的多好呀！"白龙马："不！无论怎样我都一定要去西天取经，因为那是我的理想。我走了，保重！"小毛驴摇摇头："哎，不听老人言，吃亏在眼前。你一定会后悔的。"

　　就这样，白龙马和唐僧一起上路了。历经万水千山，经历风风雨雨，十年后白龙马取得真经，修成正果。回到家乡，受到所有人的尊敬和爱戴，被奉为英雄，成为所有人崇拜和追随的对象。白龙马来到磨坊，看到老友小毛驴，依然是拉着那个磨盘在原地打转转，只是脚步比十年前沉重了许

笔记处

多。小毛驴看到神采奕奕的老友白龙马，真是羡慕无比："马兄，你好伟大哟，我好崇拜你呀，十年前我就知道你一定会成功的！快给我讲讲你西天取经的故事。一定很辛苦吧！"白龙马："其实也不是太辛苦的，我每天走的路和你走的路也差不多。只不过我是一直朝着西天走，而你是一直在原地打转转而已。我相信在这十年里，你也一定围着这盘磨走了十万八千里，但却始终没有走出这个磨坊。"小毛驴有些沮丧，又问："一定遇上妖魔鬼怪了吧？"白龙马："是呀，不但遇上了妖魔鬼怪，我还学会了如何战胜妖魔鬼怪。这一路走下来我还见识了许多人间美景，见过沙漠的苍茫，见过大海的壮阔，见过高山的巍峨，见过江河的汹涌。"

💬 问题思考

1.读完这个故事你有何感想？

2.职业生涯规划怎么进行调整？

💬 知识殿堂

一、职业生涯规划的反馈与修正

反馈指沟通双方期望得到一种信息的回流。由于现实社会中不确定因素的存在，会使个人与原来制订的职业生涯目标有所偏差，这就要求我们不断地反省，并对规划的目标和行动方案做出调整，从而保证最终实现人生理想。从这个意义上说，反馈调整就是一个再认识、再发现的过程。这就要求我们时时注意内外环境的变化，不断地审视自我，不断地调整自我，不断地修正策略和目标，这个过程就是反馈，它可以确保个人生涯规划的有效性。

获得反馈信息后，常常要根据评估的结果进行目标和策略方案的修订。修订的内容包括职业的重新选择、职业生涯路线的选择、阶段

笔记处

目标的修正、实施措施与行动计划的变更等。在这期间要做到谨慎判断，果断行动。谨慎判断就是无论变化多大，都要在厘清来龙去脉后再做判断；果断行动就是要在判断后立即采取行动，重新修订自己的生涯设计，从而保证职业生涯的健康顺利发展，最终实现人生的职业理想。

通过反馈评估和修正，可以达到下列目的：

（1）对自己的强项充满自信（知道强项是什么）。

（2）对自己的发展机会有清楚的了解（知道自己什么地方还有待改进）。

（3）找出关键的有待改进之处。

（4）为这些有待改进之处制订详细的行动改变计划。

二、职业生涯规划调整的原则

根据学生在校企合作中的经验，职业生涯规划调整的原则如下。

1.清晰性原则

考虑目标措施是否清晰明确，实现目标的步骤是否直截了当。

2.变动性原则

目标或措施是否有弹性或缓冲性，是否能依据环境的变化而调整。

3.一致性原则

主要目标与分目标是否一致，目标与措施是否一致，个人目标与组织发展目标是否一致。

4.挑战性原则

目标与措施是否具有挑战性，还是仅保持其原来状况。

5.激励性原则

目标是否符合自己的性格、兴趣和特长，是否对自己产生内在激励作用。

6.合作性原则

个人目标与他人目标是否具有合作性与协调性。

7.全程原则

拟定生涯规划时，必须考虑到生涯发展的整个历程，作全程考虑。

笔记处

8.具体原则

生涯规划各阶段的路线划分与安排，必须具体可行。

9.实际原则

实现生涯目标的途径很多，在做规划时必须要考虑到自身的特质、社会环境、组织环境以及其他相关的因素，选择确定可行的途径。

10.可评量原则

规划的设计应有明确的时间限制或标准，易评估、检查，使自己随时掌握执行状况，并为规划提供参考依据。

三、修正目标的基本法则

根据学生在校企合作中的体验，认识到修正目标的基本法则如下。

1.目标的一惯性

如果更改目标成为习惯，那么这个习惯很可能让我们一事无成。目标一旦确立，绝不可以轻易更改，尤其是终端目标。可以不断修正达成目标的计划，这样更有利于目标的实现。

2.修正目标的达成时间

一天不行，可以改成两天，一年不行，可以改成两年。坚持到底永不放弃，终将成功。

3.修正目标的量

三思而后行，不要轻易地压缩梦想，以适应这个残酷的现实。应有的思维模式是不惜一切努力，找寻新的方法以改变现实，达成目标。

4.不要放弃目标

虽然屡战屡败，但仍然可以屡败屡战，对于成功者而言，这个世界根本没有失败，只是暂时还没有成功。只要不服输，失败就绝不会成定局。

5.重复修正法则

修正计划并最终达成目标。这是因为计划没有变化快，根据需要修正计划，能有效节约资源，实现最后的目标。

笔记处

制订学期计划

根据个人实际情况，制订一份本学期计划，在实施的过程中不断思考计划的落实情况，及时调整目标或行动方案并谈谈如何看待这次调整？

个人学期目标：

个人学期计划：

个人学期目标调整：

学期目标调整给个人带来的看法是：

笔记处

☑ 任务三　职业生涯规划评价

💬 经典寄语

　　职业生涯规划是用来规范自己、鞭策自己的。符合自身发展条件，能真正促进发展的规划才是有用的规划。设计一份职业生涯规划的目的在于从职业的角度了解自己，了解社会，提升职业素养，树立奋发向上的职业理想，引导自己点亮梦想，努力在实现中华民族伟大复兴的中国梦的生动实践中放飞青春梦想。

💬 故事探微

他的规划合适吗？❶

　　学花卉园艺的小陈写了一份标题为"我想当盆景造型师"的职业生涯规划，在班上交流时引起了争论，有人说不错，有人看法不同。

　　他在介绍自己的规划时，说自己原本是稀里糊涂地学了花卉园艺专业，可是在老师带着参观公园、花圃和花卉展销会时，看着那些鲜艳的花朵和精美盆景，听着老师的讲解，他开始对小盆中折射出的山林野趣产生了兴趣。他通过调查了解到本地已经建成鲜花生产基地，花卉生产成了新兴产业，由于本地周边城市居民住宅的室内空间大，有不少居民想在室内摆放盆景，营造绿色空间盆景的销售量大，经济效益高。为此，他确定了当盆景造型师的长远目标，把近期目标定为拿到盆景工职业资格证书，争取学校把自己安排到当地盆景园实训。小陈还向同学们介绍了在校学习的计划，谈了想通过多看盆景书、上网欣赏盆景图片、逛盆景市场，提高自己欣赏美、创造美的能力。

笔记处　❶ 蒋乃平. 职业生涯规划［M］. 北京：高等教育出版社，2013：60.

有同学说小陈的长远目标应该定为创办盆景园，有人说小陈文化课成绩不错，应该把上高职的园艺专业作为近期目标，有人夸奖他的发展机遇分析得好，有人建议他在发展措施中加上考察名山大川，通过开阔眼界进行盆景创意，有人赞扬小陈养成了爱去阅览室、爱看园艺杂志的好习惯，有人指出他对业余时间抓得还不够紧，上网时控制不住自己……

　　小陈困惑地看着老师，老师说："众人拾柴火焰高，你要结合自己的实际，认真考虑同学们的建议。有两点要考虑到：一是你家庭收入不高，高职收费不低，先预测一下家里经济条件会不会有变化，再考虑改不改近期目标；另外建议你从'创业者应有的素养和能力'和'评价职业生涯成功的不同价值取向'两个方面分析一下自己的实际情况，再决定是否要创业。"

问题思考

1. 小陈的规划案例中，请归纳几点成功的方面。
2. 怎样评价职业生涯规划？

知识殿堂

一、评价职业生涯规划的目的和依据

（一）目的

　　评价职业生涯规划的目的在于通过衡量、评定规划的价值，进一步发挥职业生涯规划对自我发展的激励功能，为良好的职业生涯开端和高质量的职业生涯发展服务。另外，在评价自己的职业生涯规划时，始终要围绕规划能否促进职业生涯的可持续性发展进行讨论。

笔记处

（二）依据

1.现实性

主要考量近期目标、长远目标是否适合自己，制定的措施能否落实，能否让自己不断品尝成功的喜悦，职业生涯规划必须可操作，有实现的可能。

2.激励性

主要考量阶段目标、长远目标、发展措施能否不断激励自己努力拼搏、奋发向上，能否督促自己珍惜时间、养成良好习惯，能否不断提升实现发展目标的信心。

二、评价职业生涯规划的形式

（一）自我评价

按职业生涯规划的设计过程，即按照内外认知条件、发展目标、发展阶段、发展措施、管理与评价等环节的顺序，审视各环节的现实性，重点思考长远目标的依据和可行性、激励性。重点检查近期目标与内外认知条件的匹配程度，以及近期目标的成功概率和实现近期目标措施的可操作性，即检查与职业生涯发展的职业准备期、职业选择期、职业适应期有关目标、措施的现实性、激励性。

回顾自己在进行职业生涯规划的过程中有哪些提高和欠缺，通过自我评价再次认识自我、激励自我。

（二）集体评价

被评价者要鼓励同学积极评论，认真倾听同学们的建议。哪怕同学们提出了很尖锐的评价意见，也要耐心倾听，并认真思索，找出不足。

评价者在评价别人的职业生涯规划时，既要积极提出修改建议，更要发现、肯定这位同学的职业生涯规划的进步性和可取性，集体评价是互相帮助、相互激励的过程。

（三）教师评价

教师评价是再次修订职业生涯规划的导向，是最后的把关环节。因此，被评价者不用过分看重分数或等级，应该认真对待和重视老师对规划本身的修改建议，重视老师对规划过程中的进步评价。

笔记处

三、评价职业生涯规划的标准

（一）与中国梦契合

处理好我的梦与中国梦之间的辩证关系。例如，按照党的二十大报告中确定的"两步走"发展目标，鼓励自己，制定符合自己的发展目标。又如，把自己的梦和祖国建设社会主义现代化强国的伟大事业联系在一起。自己的志向就要不负时代、不负韶华。

（二）符合国情

我国仍处于社会主义初级阶段，如能否正视就业现实，在就业"四峰叠加"的汹涌大潮中，处理好"先就业、再择业"的辩证关系，认清梦想和规划是否符合现实、符合国情。

（三）符合本人实际

符合本人实际，既要符合自身的一切特征，又要符合本人家庭的实际。如对自己的长处、短处和特点的分析不足，会导致不能客观地对待自己，以致发展措施缺乏可操作性，难以逐一落实。制定的长远目标过高或过低，都难以发挥规划对自己的激励作用。

（四）有合理的环节

合理的环节，就是要考虑自己规划的结构、文字表述和图示，能否指导自己形成追求职业生涯所可持续发展的动力。例如，内外条件分析是否到位，发展目标是否实在，发展阶段是否合理，发展措施是否详实，管理评价是否中肯。又如，规划中有无对终身学习的考虑，有无提升职业素养的训练，有无规范自己行为、养成良好习惯的安排。

💬 思政拓展

学会职业生涯规划的评价

把班级分成若干小组，运用学习过的职业生涯规划知识，从现实性、激励性等方面逐一评价每个人的职业生涯规划。首先，在小组内，自己先评价自己的职业生涯规划，填写到表1-4里。其次，由小组每个成员评价，评价结束后，由组长汇总小组内成员的评价，填写到下列表格里。最后，把评价过的职业生涯规划，再交给多个老师，

笔记处

由老师再进行评价，评价结束后，也把老师的评价写到表格里。

表1-4　职业生涯规划评价表

规划标题：	姓名：
自我评价	
集体评价	
教师1评价	
教师2评价	
教师3评价	
教师评价汇总	

笔记处

02

模块二

就业篇

单元七　就业准备（一）

任务一　思想准备

经典寄语

被拒绝的越多，成长得就越快；学的东西越多，就越容易成功。在无人喝彩的时候，我们不要放弃努力，要学会为自己鼓掌，勇敢地接受挑战。求职前进行思想上的充分准备，思想上越是坚定，就越能不断地超越自我，这样才能激发出无限潜能。

故事探微

应聘者的无奈 ❶

每年3月是大学生们最忙碌的时候。为了获得一份好的工作，他们常常奔波于各大招聘会现场。然而，这些大学生却常常因为找不到满意的工作而万分苦恼，也颇感无奈。在很多大学生看来，用人单位招聘的都是专业人才，只有在专业对口的基础上，才会对相关条件加以限制。来自某大学的一位男生告诉记者："我是计算机专业的大学生，经过几次招聘，我有好多的话想说。你问我希望到什么样的单位工作，我可以肯定地说，很想到计算机软件开发类的企业发挥自己的才能，希望用人单位能够发现我的长处，也希望能拥有一份不错的工资待遇。我说的是实

---

❶ 胡培根. 大学生就业指导与职业生涯规划［M］. 北京：北京邮电大学出版社，2012：117-118.

笔记处

话，但这些话也许不太现实。在现实的招聘中，我不断碰壁，连连受挫。一些招聘单位硬让我去搞什么推销，只有300元的底薪！还有一些招聘单位让我去做市场调研。说真的，对那些工作，我根本无法适应。不仅一窍不通，而且一点信心也没有。"某师范大学英语系的一位女生对记者说："在求职过程中，我不怕自己的形象和长相如何，而是担心不少用人单位往往只看第一眼，就再也没有兴趣和我谈。我学的是英语专业，最担心用人单位让我到不对口的岗位上去工作。那样的话，所学得不到所用，四年的苦读不就全部白费了吗？所以说，我希望我的所学能够被用人单位看中，能够找一个发挥我自己才能的单位。虽然我的想法不太现实，但我还是在往这方面努力，一直没有放弃。只是很多时候感到很困惑，也很无奈。为什么这样一个并不算太高的要求，就这么难以实现呢？"某高校中文专业的学生在接受记者采访时说："很多人都认为大学生在应聘时眼高手低，其实这种说法并不客观。以我为例，其实我想去哪个单位，很多时候不是我说了算的，而是取决于招聘单位。虽说现在是双向选择，但实际上我对用人单位没有更大的要求，也没有给自己设定什么标准。我主要是凭运气，只要有什么样的工作，我就先干什么样的工作。只要我能胜任，我就不会拒绝。先找个饭碗吧，以后再想办法调整。"当然，也有一些大学毕业生对用人单位的要求比较苛刻。他们要求工作环境好、月薪高，还要用人单位无偿提供住房。相对于他们自身薄弱的职业技能，这些要求显然不切实际。但他们却感到很无辜，大有英雄无用武之地的委屈。经过几番折腾，他们才真正意识到自己确实过于理想化却不愿改变初衷，仍在无奈的等待挑选中寻找自己心目中的理想工作。

笔记处

知识殿堂

从近几年人才市场和就业形势反馈的信息看，很多用人单位选人重才更重德，把思想道德素质放在首位，政治思想素质较高，具有事业心、责任感和吃苦奉献精神的毕业生成了首选目标。思想道德素质包括政治素质、思想修养、事业心和责任感、艰苦奋斗精神和务实的工作作风等方面。

一、政治素质

政治素质不仅表现在政治立场、观念方面的远见和洞察力，还表现为对社会发展趋势的敏锐性，对国家宏观政策的预测把握能力及一定的政治理论修养。要树立开拓进取、成就事业、造福人类等积极的人生价值观。因此，在学习中要加强自我修养和社会公德的养成。

二、思想修养

人的行为受志向和动机支配。人的志向越高，动机水平越高，支配行为的动力就会越大。志向和动机的形成基础就是思想水平。对于择业来说，加强思想修养能够激励择业者走向成功。作为新时代高职生，作为祖国未来的建设者和接班人，更要树立远大的理想，担负起崇高的历史责任，弘扬"劳动精神、奋斗精神、奉献精神、创造精神、勤俭节约精神"[1]，加强思想修养，踏实工作，锐意进取，在遇到挫折和失败时，克服困难，争取胜利。

---

[1] 本书编写组. 党的二十大报告学习辅导百问［M］. 北京：党建读物出版社、学习出版社，2022：34.

笔记处

三、事业心和责任感

许多用人单位在人才的要求上强调要有事业心、责任感，要爱岗敬业、乐于奉献。希望毕业生把选择的工作当作长期追求、投入的事业，要与单位同甘苦，共患难，荣辱与共，而不仅仅是赚钱谋生的职业和临时落脚点。唯有敬业的高职生才能积极进取、胸怀大志，才能开发蕴藏在自己身上潜在的创造性，为社会作出贡献，实现自己的人生价值。例如，想要成为优秀的设计师，需要具备从基层做起的思想，具有良好的职业道德，端正的职业价值观念，并以正确的职业态度投入工作中，踏踏实实为消费者提供优质服务。

四、坚苦奋斗精神和务实的工作作风

在职业探索的过程中，会遇到无数的艰难险阻，也难免有这样那样的曲折和坎坷，这就需要毕业生始终保持昂扬的斗志和坚韧不拔的作风，坚定不移地朝着既定的奋斗目标前进。用人单位需要的人才，要能踏踏实实工作，有吃苦精神，而不是好高骛远、眼高手低。

思政拓展

就业思想准备挖一挖

参照高职生的就业思想准备分析，思考自己是否存在就业思想上的问题？如果有，自己准备如何调整。

参照高职生的就业思想种类的分析，思考自己存在哪些就业思想问题

1. ....
2. ....
3. ....

笔记处

反馈自己的就业思想状态

1. 父母的反馈：

2. 老师的反馈：

3. 学校的反馈：

4. 同学的反馈：

锻造自己思想的方案

1.

2.

3.

职业生涯规划与发展指南

笔记处

任务二　身心准备

经典寄语

　　求职的心态是求职成功的一个重要前提，任何时候求职都要保持一颗平常心，在认清自我和外在环境的基础上，去面对求职中的一切情况。因此，在求职过程中，特别是当遇到挫折、面临失败的时候，需要保持一种坚持到底且平和淡定的良好心态。同时，要冷静客观地分析求职失败的原因，每次面试结束都要认真总结自身存在的问题，并及时找出应对的方案。

故事探微

求职，拥有好心态很重要❶

　　程啸大学毕业后，在亲戚所在的公司工作过几个月。由于是小公司，他觉得根本学不到什么技能和经验，就打算自己找工作。在以后几个月的求职中，他居然一次面试也没通过。实际上，他离开亲戚所在的那家公司的决定是争取自我长远发展的积极表现。但问题在于，面试怎么会一次都没有通过呢？原来，程啸失败的根本原因是缺乏自信心，存在一种为工作而找工作的不良心态，既失去了具体的求职方向，又不能为相关面试做好有针对性的准备，失败也就在情理之中了。

　　面对日益激烈的竞争，大学生求职者信心不足的现象十分普遍。信心不足的原因有很多，如生理的、环境的、家庭的等因素，但归根结底还是心理因素造成的。在求职中，如果求职者总是畏首畏尾，犹豫不决，用人单位怎么会聘用他们呢？

❶ 胡培根. 大学生就业指导与职业生涯规划［M］. 北京：北京邮电大学出版社，2012：53.

笔记处

拥有良好的求职心态就等于成功了一半。消除不良的求职心态，也就成为许多大学生的当务之急。只有以健康积极的身心状态去迎接就业市场的各种考验，才有可能找到真正适合自己的理想职业。

问题思考

1.案例中的求职者主要失败在哪里？

2.怎样培养良好的求职心态？

知识殿堂

在社会急剧变革的今天，新旧价值观念的冲突、激烈的竞争、物质生活的悬殊，社会生活和经济生活不协调等，无不影响高职学生的身心健康，引起了部分学生认知失调、心理失衡、行为失范、身体赢弱，进而影响高职生的学习、生活和工作。因此，做好就业身心准备，也是影响就业成功因素之一。

一、做好身体准备

身体准备就是身体素质的准备。"身体是革命的本钱"，现代化生活的节奏日趋加快，要求有一个健康的身体才足以应对当今社会的就业压力。

身体的强健主要表现在个体力量的大小、身手的敏捷矫健程度、御寒抗暑的能力、身体器官功能的强弱等方面。所以，在德、才、学、识、体等内在因素中，"体"是最基本的因素，是成长、成才的物质基础。

健康的体魄是从业者在事业上充分施展才华的基本前提。无论哪一种职业，对从业者的身体素质都有一定的要求，很多企业也会在入职前要求员工做入职体检，为的就是了解和保障员工的身体健康。在

笔记处

求职择业前做好准备，健康的体魄才能得到企业的认可。

健康的生活方式可为未来工作提供充沛的体力，体力匮乏会导致工作效率下降。高职生在校期间，可选择的体育活动很多，既有室内运动，如兵乓球、羽毛球，又有室外运动，如篮球、跑步。选择喜欢的运动项目并坚持下去，强健体魄，以适应高强度的工作挑战。

二、提高心理素质

变化万千的社会决定了其需要的复杂性，社会不会根据学生的理想而设置岗位，加之市场竞争机制肯定使高职生择业、就业过程不会一帆风顺。如若高职生不具备成熟的心理，在这种冲击下便会无所适从，进而影响择业、就业。成熟的心理素质包含正确的自我意识、完备的情绪调节能力、坚强的意志、优良的品格、稳定的性格、正确的自我评价、开阔的胸襟、积极乐观的心理、坚韧不拔的毅力、超强的自信心、较好的社会适应能力等内容。其主要表现于对现实有敏锐的知觉，热爱生活，热爱大自然，在所处的环境中能保持独立和宁静；对平凡的事物都能保持兴趣，有乐于助人的热情；具有创造意识和幽默感，能经受住各种风险考验，正确对待挫折，以良好的心理素质去迎接挑战。

（一）克服不良就业心理

不良的就业心理主要有三种。一是自负心理。在就业过程中，表现为自我评价过高，对工作单位过于挑剔，夸大自己的能力，不着边际地吹捧和夸张自己，编造经历和成绩，制造谎言来拔高自己。自负心理会通过语气、神态、举止、动作等非语言符号表现出来，招致招聘者的反感，产生适得其反的结果。二是依赖心理。有些学生独立性不强。生活靠父母，经济靠家庭，学习靠学校。在这样的环境下，必然滋生严重的依赖心理。表现在就业上就是容易靠国家、靠学校、靠亲友，唯独不从主观上努力。依赖心理会导致消极被动，丢掉机会，甚至一遇到困难就临阵退缩，打退堂鼓，找不到合适的工作。三是从众心理。从众心理是社会中普遍存在的一种现象，它在不同时期、不同年龄的人群中表现不同。高职生由于还没有走上社会，与社会接触较少，社会阅历较浅。在不知如何选择时，就会在从众心理的驱使下跟多数走，如容易跟着社会舆论走，跟着家庭成员的择业意向走，跟着同学或朋友的意见走。

（二）掌握就业心理的调适方法

就业心理的调适方法有很多，高职生可以根据各自的不同情况采取相应的方法。

1.正确地评价自我

正确评价自我的方式有以下三种。

（1）比较法。把自己放入人群之中，从比较中认识自己。在比较时，要寻找环境和心理条件相近的人进行比较，也就是具有可比性，才更符合自己的实际水平和自己在群体中的位置。

（2）评价法。从别人的评价当中认识自己。使用评价法应全部听取、综合分析、公正评价、辩证对待。

（3）实践法。通过自己成功或失败的经验教训来发现个人性格、能力上的特点，在自我反省、自我检查、自我总结中认识自我，认识自己的长处和短处，把握自己的人生方向。

2.不能轻易地受到情绪所左右

排除不良情绪的方法有五种。

（1）自我激励法。主要指用生活中的哲理、榜样的事迹或明智的思想观念来激励自己，同各种不良情绪进行斗争。如果求职失败，坚信未来是美好的。"留得青山在，不愁没柴烧。"不要被灰心、失望、愤怒的情绪控制。

（2）词语暗示法。通过自言自语，甚至在无人处大声疾呼来暗示自己，或通过书面语言暗示，将提示语记在日记本上，达到调节情绪的目的。例如，胆怯、自卑的学生可以在日记本上写上："不要紧张，相信自己，你是好样的。"爱自夸的同学可写上："一切真正的和伟大的都是淳朴的和谦逊的。"经验表明，只要是在松弛平静、排除杂念、专心致志的情况下，进行各种自我暗示，往往对情绪的好转有显著的作用。

（3）注意迁移法。即把注意力从消极情绪转移到积极方面。如在消极、苦闷时，可通过听音乐、散步、聊天排遣不良情绪，或做自己喜欢的事来转移注意力，当人沉浸在自己喜爱的事物中时，烦恼会在不自觉中消除。

（4）行为补偿法。当所追求的目标受到挫折或因个人的某种原因而失败时，应该及时改变方向，以其他能获得成功的活动来弥补因失

笔记处

败而丧失的自尊和自信。错过机会后，不要总处于追悔和失望中，要积极寻找新的信息，再创造一次机遇。

（5）宣泄法。当激烈的情绪积郁在胸的时候，应该通过向家人、朋友倾诉等方式来宣泄自己的情绪，也可以痛痛快快地哭一场。不用过于压抑感情的流露，关键在于将有害情绪及时释放。

思政拓展

就业心态看一看

参照大学生的就业心理准备分析，思考自己是否也存在着类似的就业心态问题？如果有，自己准备如何调整？

参照大学生的就业心理问题分析，思考自己存在哪些就业心态问题

1.

2.

3.

笔记处

引入社会支持系统调整自己求职心态

1.父母：

2.老师：

3.学校：

4.同学：

自己调整心态的方案

1.

2.

3.

笔记处

任务三　知识准备

经典寄语

逆境中，力挽狂澜使强者更强，随波逐流使弱者更弱。命运掌握在自己手里，命运的强弱由自己创造。只有满怀激情，不畏艰辛，奋力拼搏，尽最大努力广博地掌握科学文化知识，娴熟地掌握专业技能，切实地提高自己的专业能力，是获得人生成就的前提。

故事探微

知己知彼充分准备，奋力游向梦想的彼岸❶

"了解到今后的工作需要经常使用绘图软件，这段时间，我在B站（哔哩哔哩）学习CAD课程。"距离去自己的就职单位楚天科技股份有限公司报到还有几天时间，扬州大学电气工程与自动化专业的应届毕业生黄翔宇并没有放松下来，而是继续为今后的工作做准备。

"尽自己最大可能为今后的职业生涯做好准备。"是黄翔宇从求职之初就在坚持的事。今年2月，大学的最后一个学期开始后，黄翔宇并没有着急开始找工作，而是"捡"起了几门重点专业课，到B站上跟着讲解再次复习一遍。此外，他还通过抖音、小红书等社交媒体学习了一些求职和面试技巧。"我的就业目标是与自己专业对口的企业，无论是笔试、面试，都会考到专业的相关知识，所以提前复习并掌握一些额外的求职小技巧，肯定会为我的就业加分。"

4月初，黄翔宇正式开启了他的求职之路。"我希望未来自己的工作城市离家乡更近，因此，我把就业目的地放在了环绕家乡广西的几个省份"。

---

❶ 叶真. 知己知彼充分准备，奋力游向梦想的彼岸［EB/OL］. 新华日报，2022-7-15.

笔记处

求职第一步，需要选择的是投简历平台。黄翔宇比较几家求职软件平台后，最后选择了一家可以自由制作简历的平台。在简历制作中，黄翔宇重点介绍了自己的校园社团活动经验，突出介绍自己的社交能力、组织能力和团队协作能力，希望企业HR发现他的闪光点。

通过求职平台与HR交流并做好企业的背景调查后，黄翔宇分别向近40家有就业意向的公司投了简历，很快，一半以上的企业都给予了回应。原本，黄翔宇想回到家乡的南方电网工作，很遗憾没有被录取。黄翔宇意识到，自己的专业可能更适合智能化设备、通讯、家电等轻工业制造业方向，于是调整自己的求职方向再战。

功夫不负有心人。4月中旬，黄翔宇同时参加了3家的公司首轮面试。在详细了解了公司的员工福利、职业晋升等方面的详细情况。黄翔宇网签了长沙某科技股份有限公司的电气工程师岗位。

回想起自己的求职经历，黄翔宇说，其实，无论是纠结于选择城市和企业，自己最看重的还是未来的职业上升通道问题。"趁着年轻，我希望自己可以搏一把！"

问题思考

1. 面对科技时代发展的浪潮，如何把科技与自己所学专业有机融合？

2. "互联网＋"时代，你做了哪些科学技术的储备？

知识殿堂

一、科学文化知识准备

在现代科学技术突飞猛进、生产力发展越来越多地依靠人的智力

笔记处

和知识的今天，劳动者科学文化素质的高低，对生产的发展、社会的进步有着决定性的影响。

（一）广博精深的知识储备

现代社会对从业人员的文化素质、知识结构的要求越来越高，对知识技能共性的要求越来越高，不仅要具备扎实的基础知识，还必须具有广博精深的专业知识和大量的新知识储备，要求从业者的知识程度高、内容新、实用性强。

（二）丰富的课外知识

现代社会，高职学生需要具有一定社会知识、经济管理知识和人文知识，为适应社会岗位的全方位要求奠定基础。因此，高职学生应利用专业学习的空余时间多读一些社会科管理方面的书籍，拓宽知识面，开阔视野，踊跃参加学校的社团活动，利用寒暑假到企事业单位进行社会调查，参加勤工俭学等活动，不断总结经验，提高社会活动能力和竞争能力。还要适时吸纳储备大容量的新信息、新知识，为拓展就业空间创造条件。

二、专业知识准备

（一）参与项目

参与学校与企业合作的项目是增长知识、提升技能和拓宽视野的好机会。参与校企合作项目能够很好地锻炼自己团队协作能力、交流沟通能力与专业能力。课堂学习与项目参与发生冲突时，还需要规划协调二者的时间。

（二）加入虚拟团队

虚拟团队指不同地域、领域、部门，通过远程交流技术就同一个项目展开合作。虚拟团队模式是一种新型的工作形态。人们在虚拟团队中进行跨界合作，获得在传统团队中难以获得的经验，增加竞争优势，拓宽视野。

（三）向企业师傅学习

如今学校里开始推广师傅带徒弟的专业知识学习模式，企业里的师徒制度是由经验丰富的资深人士辅导经验欠佳、有发展潜力的在校生。师傅无须外部认证，由企业内部选拔认证即可。新型师徒学习模式一般历时1年左右。通常来说，该学习模式规定，双方交谈内容的

笔记处

细节必须保密，双方有明确的契约，其中规定了辅导的次数、目的、结束的时间等。

（四）向教练学习

20世纪70年代，教练一职开始出现，教练的核心目标是发展与客户的伙伴关系，在这种关系中，教练通过激发思考和创造力的过程，激励学生最大化地挖掘个人潜能。成功的教练能激发对象内心的觉察力和潜能。教练的工作通常以6~12次为一个周期。教练计划中也有对交谈内容保密的要求。有专门的国际认证机构对职业教练的水平进行认证，其中国际教练联合会（ICF）和国际教练协会（IAC）最为出名。

三、建立合理的知识结构

围绕自己选择的就业目标，在求学期间对知识进行合理组合、恰当调配，形成知识系统，即建立合理的知识结构。结合高职生自身特点，应建立"三维型知识结构"。

所谓三维型知识结构就是由三种知识构成，即专业知识、专业基础知识、人文知识。专业知识包括专业技能知识和专业基础理论知识，这是高职生需要掌握的核心知识；专业基础知识服务于专业知识；人文知识是为增加专业知识的高度、广度、深度而准备的知识，如高职生需要学习大学语文、思政、营销、管理、心理、哲学、历史、传统文化等知识，这既能解决职业的瓶颈期问题，又是为培养健全的人所必要的一种知识。

总之，学生可以根据自身特点和所学专业，在学习、工作中通过不断摸索以建立合理的知识结构，以增强职业的稳定性。

思政拓展

测测自己专业的就业前景

运用本节所学的知识，分析自己所学专业及本专业在当地的就业现状。

笔记处

自己所学专业的主要课程

1. ....
2. ....
3. ....

自己从核心课程中学到的思维能力

1. ....
2. ....
3. ....

自己所在的城市社会环境分析

1. ....
2. ....
3. ....

自己所在城市的经济环境分析

1. ....
2. ....
3. ....

自己所在城市中的与专业关联的公司、企业及用人单位调查

1. ....
2. ....
3. ....

自己所在城市中就业前景因素调查分析

1. ....
2. ....
3. ....

笔记处

单元八　就业准备（二）

任务一　能力准备

经典寄语

在经过后天的不断学习和深入实践后，人们逐渐掌握了各式各样的专业性能力，如沟通能力、专业学习能力、解决问题的能力、灵活应变的能力、自我管理的能力等。因此，在就业前夕，锻炼和培养各种能力，对于形成和提高专业的就业能力，具有重要意义。

故事探微

她为何这么优秀？

高职三年无论是学习还是工作，刘语轩都获得了令同学们羡慕的成绩。其实，这些成绩的获得除了她本人的努力外，还有超前的规划意识和行为。

刘语轩刚进入学校时，就在第一时间找到就业指导老师，请老师帮助制订一份高职三年成长计划。面对这样主动积极进取的学生，就业指导老师进行了认真的规划。刘语轩的高职三年规划如下。

高职三年共分三个阶段，每一个学年为一个阶段。

第一个阶段：所有课程成绩务必保持在良好以上，其中70%以上的课程达到优秀程度；至少参加一个社团，至少坚持两年，并且积极参加每次活动；获得一次一等或二等奖学金，获一次优秀三好学生或优秀团员等；写入党申请书，参加入党积极分子培训；读书三十本，拓展知识；参加礼仪培

笔记处

训，提高气质和修养。

第二个阶段：所有课程成绩务必保持在良好以上，其中70%以上的课程达到优秀程度；要在社团任社长任副社长，能够单独组织社团活动；获得一次一等或二等奖学金，获一次优秀三好学生或优秀团员等；成为预备党员，加入党组织，不断接受党的教育；继续读书三十本，进一步拓展知识；参加社会实践活动，同时利用寒暑假旅游两次，感受祖国大好河山。

第三个阶段：毕业设计达到优秀级别，争取参加毕业生毕业设计展；获得一次一等或二等奖学金，获一次优秀三好学生或优秀团员等；成为正式党员，正式加入党组织，把共产主义信仰作为自己的终生信仰；继续读书三十本，完成三年读书九十本的任务；参加定岗实习，在实习过程中，运用所学知识，迅速地做好从学校到社会的过渡；拿到毕业证书后，找到一份正式的工作，步入社会。

刘语轩同学认真执行高职三年规划。三年时间，她斩获了三个一等奖学金、一次优秀三好学生、一次优秀团员，光荣加入中国共产党，此外还获得了其他奖项，如演讲比赛、知识比赛、技能大赛、技能实践能手、礼仪小姐比赛等。临近毕业，因为得到了能力锻炼和提高，所以面对未来不再迷茫和困惑。

问题思考

1.锻炼和获取就业能力的途径是什么？

2.求学期间，你认为必须准备哪些能力？

知识殿堂

笔记处

不同行业的用人单位对毕业生有不同的能力要求，但作为高职生应该具备基本的能力素质，在校期间应该花大力气进行锻炼，尽量使自己达到较高的水平。

一、适应社会能力

社会适应能力指人为了在社会更好生存而进行的心理上、生理上以及行为上的各种适应性的改变，与社会达到和谐状态的一种执行适应能力。主要包括社交能力、处事能力、人际关系能力等方面。毕业生一旦进入社会，其身份从"准职业人"变为"职业人"，其环境从"学校环境"变为"职业环境"，其责任从"完成学业"变为"完成工作"，其思想从"理想状态"变为"现实状态"，这些变化会在很大程度上使毕业生在一定时间内和一定程度上产生不适应，毕业生社会适应能力的强弱决定了前后转换适应程度的高低。增强社会适应能力需要从以下三个方面培养。

（一）培养积极的生活态度

一个人的生活态度在很大程度上决定了一个人的适应能力，例如，有的人在艰苦的环境中工作，就会抱怨命运不济，满腹牢骚，心灰意冷，不安心工作，结果一事无成；有的人则会把艰苦的环境看成磨炼自己的机会，不但不会颓废，反而会更加积极进取，奋发向上，努力改变环境，从而干出一番事业。可见，同样的一件事情，因为生活态度不同造成的结果也不相同。因此，高职生应具有乐观向上的生活态度，锻炼自己的社会适应能力。

（二）培养主动融入社会的精神

要主动地投入社会环境中，不管现实环境多么令人不愉快。只有接触环境，才能认识环境和适应环境。最好的办法是随着年龄的增长，有目的地进行一些有益的社会实践活动，有意识地锻炼自己，这样可以进一步认识自己，认清自己在社会环境中所处的位置。

（三）利用社会支持系统寻求帮助

人们在积极接触社会的过程中，会遇到各种问题，出现各种心理上的苦恼与困扰。为了更好地适应社会，除了及时进行自我调整外，有效地利用社会支持系统，寻求他人的帮助也很重要，俗话说"一个好汉，三个帮"。有社会的支持，有亲朋好友的帮助，就没有克服不了的困难。因此，我们要学会利用社会支持系统，帮助自己适应社会。

笔记处

二、动手操作能力

动手操作能力就是通过动手、动眼、动脑、动口等多种感官协调参与学习的操作活动，也就是实际工作能力，或者说实践能力，是专业工作必备的工作能力。动手操作能力需要通过以下三个途径进行锻炼。

（一）具备知识转化的能力

掌握某一学科的知识后，关键还要动手把知识转化到实际应用中去。知识转化的途径就是走出课堂到实践中去，多观察、多体会、多操作，才能把书本知识有效地转化到实践中去。

（二）改变错误的实践认知

只有在实践应用中检验知识，才可以牢固地掌握知识。没有进入实践环节的知识，都是纸上谈兵。

（三）培养实践的内驱力

任何事情都充满挑战和风险。一个人无论面对怎样的挑战和风险，能够一如既往地执着坚持做下去，就是一种强大内驱力。因此，每一个学生都要把培养实践的内驱力作为一项任务来抓，长而久之，就能把内驱力自主地调动起来。

三、组织管理能力

组织管理能力指管理者按照既定目标任务和决策要求，进行统筹安排，组建一套科学合理的组织机构和团队，把各种资源有效地组合起来，协调一致地保证领导决策顺利实施的能力。组织管理能力是通过经营、管理、用人、理财等方面的实践，将学习能力、判断能力、决策能力、协调能力等能力综合运用，不是单一的某种能力的体现。提高组织管理能力的途径如下。

（一）增强学习能力

学习能力是提高组织管理能力的基础，所以高职生在校期间不仅要在书本上学习，还要在实践中学习；不仅要向内学习，还要向外学习；不仅要专精学习，还要广博学习。要想坚持学习，必须制订学习计划、讲究学习方法，具有持之以恒的精神、学以致用的本领。总之，学习能力的强弱，直接决定着管理者组织能力的强弱。

笔记处

（二）增强判断能力

判断能力是提高组织管理能力的前提。增强判断能力增长逻辑知识，在判断事物和人时，能够达到思路清晰，做到是非分明，做出最佳选择。同时，加强个人思想修养，做到不唯书、不唯上、只唯实、有自信、敢创新，无私才能无畏，判断的事物往往比较准确。

（三）增强决策能力

决策能力是提高组织管理能力的核心。决策能力要求决策者不断提高自身的思想品德修养、知识能力修养、性格气质修养、情绪情感修养等，还要求决策者坚持求实原则、系统原则、民主原则、可行原则、创新原则等。同时，要用科学的决策方法，优化决策程序，减少一切不合理环节，增强环节尽可能地实现科学决策。

四、人际沟通能力

沟通能力指通过有效的听、说、谈、写获取并传达信息的能力。一般说来，沟通能力指沟通者所具备的能胜任沟通工作的优良主观条件。简言之，人际沟通的能力，是指一个人与他人有效地进行信息沟通的能力，包括外在技巧和内在动因。其中，恰如其分和沟通效益是人们判断沟通能力的基本尺度。恰如其分指沟通行为符合沟通情境和彼此相互关系的标准或期望，沟通效益指沟通活动在功能上达到了预期的目标，或者满足了沟通者的需要。提高人际沟通能力的途径如下。

（一）参加社团活动

学校社团是培养沟通能力的最佳舞台。社团常常和企业或其他社会机构联合组织活动，如演出、义卖、知识竞赛等。大学生可以尝试活动组织、节目主持、广告宣传等多种角色，获得丰富的社会体验；还能和校内外各个阶层的人打交道，小到借一间教室，大到去企业拉赞助，都要亲力亲为，这就可以不断提高自身沟通能力。

（二）参加志愿者活动

当志愿者是大学生锻炼沟通能力的又一途径。在国际艺术节、世界博览会或其他赛事上做翻译、会场联络员、临时演员、组委会工作人员，可广泛接触世界各地的文化，学会和不同语言、不同国籍、不同行业、不同职业的人士沟通交流。

笔记处

（三）参加社会实践活动

利用寒暑假参加社会实践，是培养大学生沟通能力的传统方式。在社会实践过程中，大学生能够熟悉不同的企业（部门）文化，学习如何与上级、同事相处，提前进入工作状态，弥补校内学习的不足。

（四）参加勤工俭学

参加勤工俭学也能有效提高大学生的沟通能力。例如，做家教需要让学生听懂你的课，需要得到学生家长的认同；做校内部门助理，需要与师生打交道，需要得到指导教师的认可；做清洁工作，需要和教室管理人员接触，需要得到后勤老师的认可。这一切都能使大学生的沟通能力得到提高。

五、创新能力

创新能力是技术和各种实践活动领域中不断提供具有经济价值、社会价值、生态价值的新思想、新理论、新方法和新发明的能力。它包括接受新知识的能力、树立新观念的能力、预见未来发展的能力、创业能力等。任何行业都需要创新，创新的重要性不言而喻，正如党的二十大报告指出的"创新是第一动力"❶。培养自己的创新能力是学生时代的必修课，途径主要有三方面。

（一）更新旧观念

新时代，我国社会发展已经进入一个新阶段。高职学生必须摒弃原有"吃现成饭的"观念，树立创新观念。只有适应时代的变化，才能适者生存。

（二）汲取新知识

高职学生要奋发图强，努力学习，建构完善的知识结构，还要不断汲取前沿知识，不断完善自己的思维结构和思维方式，开拓自己的生存空间，做时代创新的弄潮儿。

（三）培养好兴趣

兴趣是高职生掌握知识、发展智力、形成创新能力的内在动力。培养兴趣需要围绕自己的专业，制定目标、坚定信心、坚持不懈，需

---

❶ 本书编写组. 党的二十大报告学习辅导百问［M］. 北京：党建读物出版社、学习出版社，2022：25.

要自我激励、自我成就，学会自我欣赏。满足了这些条件，就能培养自己的良好兴趣。

六、学习能力

学习能力即持续学习、终身学习的能力。学习能力和学习是有区别的。学习是一种行为，可以通过看书、上课、上网、复习、背诵、抄写等行为来体现，学习成果往往体现在分数和对知识的掌握程度上。而学习是一种能力，可以通过不断反思、逐渐锻炼，从而"内化"为个人能力和集体智慧。高职学生的学习能力往往体现在专业技能和工艺创新上。成功的求职者不仅身体力行地提升自己的学习能力，还坚持在团队中影响他人，让一群人变得更优秀。提高学习能力的方法有以下三方面。

（一）目标激励法

成就天才的必备素质就是远大志向，明确目标，勤奋刻苦，持之以恒，百折不挠。作为一名学生，必须树立远大的理想，制订明确的学习目标和切实可行的计划，在日常学习中勤奋苦学，孜孜不倦，持之以恒，面对学习中的挫折，百折不挠，勇往直前，才能到达成功的理想彼岸。

（二）统筹计划法

统筹计划法是学习者为达到一定的学习目标，根据主客观条件而制订学习步骤的一种学习方法。统筹计划法包括学习目标、学习内容、时间安排和保证落实的措施四个方面。只有综合考虑这四个方面，才能制定出切实可行的规划。

（三）兴趣引导法

使学习兴趣化，是获取成功的特别重要的法则。因为有兴趣，才能够轻松愉快地学习，才能够不知疲倦地学习，进入乐此不疲的境界。学得高兴、学得舒心，就不容易疲劳，越学越有劲头。满怀兴趣地学习，会使人在知识的天空中快乐地翱翔。

七、情绪调节能力

调节和控制情绪，不走极端能让一个人看上去更可信。为了避免

笔记处

走极端，我们需要与他保持联系。说到底，个人组织能力的培养，就是一场团体竞技赛，过度独处会切断这种联系。大胆的方案需要有伙伴们去执行，永远不要关闭向他人取经的通道。乐于分享，能让彼此的观点和信息得以充分交流；建立信任，能让彼此的情感和感受自如流动。敢于说"这次是我错了"的团队领导者比看似绝不犯错的领导者更具亲和力。调控情绪能力的途径有以下四方面。

（一）自我鼓励法

用某些哲理或某些名言安慰自己，也可以阅读名人传记、励志故事，鼓励自己同痛苦和逆境作斗争。

（二）语言调节法

语言是影响情绪强有力的工具。如悲伤时，朗诵滑稽、幽默的诗句，可以消除悲伤。用"制怒""忍""冷静"等词汇自我提醒、自我命令、自我暗示，能够调节自己的情绪。

（三）注意力转移法

把注意力从消极方面转到积极、有意义的方面，心情会豁然开朗。例如，当遇到苦恼时，可以将它抛到脑后或找到光明的一面，则会消除苦恼。

（四）能量发泄法

不良情绪可以通过适当的途径排遣和发泄。消极情绪不能适当地疏泄，容易影响身心健康。所以，该哭时应该大哭一场，心烦时找知心朋友倾诉，不满时发发牢骚，愤怒时适当地出出气，情绪低落时可以唱唱欢快的歌。

思政拓展

你善于交际沟通吗？

这套小测验可以帮助你了解自己的交际沟通水平。测验方法十分简单，在每题的a、b、c三者之间择其一。测验完毕后，请思考问题，并把思考后的内容写在横线上。

1.你是否经常感到词不达意？

　　a.是　　　　b.有时是　　　c.从未

2.他人是否经常曲解你的意见？

　　a.是　　　　b.有时是　　　c.从未

笔记处

3.当别人不明白你的言行时，你是否有较强的挫折感？

　　a.是　　　b.有时是　　　c.从未

4.当别人不明白你的言行时，你是否不加以解释？

　　a.是　　　b.有时是　　　c.从未

5.你是否尽量避免社交场合？

　　a.是　　　b.有时是　　　c.从未

6.在社交场合，你是否不愿与别人交谈？

　　a.是　　　b.有时是　　　c.从未

7.在大部分时间里，你是否喜欢一人独处？

　　a.是　　　b.有时是　　　c.从未

8.你是否曾因为不善辞令而失去改变生活处境的机会？

　　a.时常有　　b.偶尔有　　　c.从没有

9.你是否特别喜欢不必与人接触的工作？

　　a.是　　　b.有时是　　　c.不是

10.你是否觉得很难让别人了解自己？

　　a.是　　　b.有时是　　　c.不是

11.你是否竭力避免与人交往？

　　a.是　　　b.有时是　　　c.不是

12.你是否觉得在众人面前讲话是很困难的事？

　　a.是　　　b.有时是　　　c.不是

13.别人是否常常用"孤僻""不善辞令"等词汇来形容你？

　　a.是　　　b.有时是　　　c.不是

14.你是否很难表达一些抽象的意见？

　　a.是　　　b.有时是　　　c.不是

15.在人群中，你是否尽量保持不出声？

　　a.是　　　b.有时是　　　c.不是

　　计分：

答a得3分，答b得2分，答c得1分。将各题得分相加得总分。

若总分在 39~45 分，表明你必须采取措施来改善自己的交际沟通能力。

若总分在 23~38 分，表明你是一个善于交际沟通的人。

若总分在 15~22 分，表明你在交际沟通方面过于积极，但可能导致消极后果。

笔记处

假如你得了39~45分：

　　你所不具备的交际能力有： ....

　　你所改进的措施有： ....

假如你得了23~38分：

　　你所具备的交际能力有： ....

　　你应该怎么进一步发挥这些能力： ....

假如你得了15~22分：

　　你所具备的交际能力有： ....

　　你所不具备的交际能力有： ....

你的改进措施有： ....

你认为交际能力对就业的好处有： ....

任务二　信息准备

经典寄语

　　行动是治愈恐惧的良药，而犹豫、拖延、观望将不断滋生失败。人生只有走出来的美丽，没有等出来的辉煌。今天的成功是因为昨天的积累和辛苦付出，明天的成功则依赖于今天的努力和拼搏，成功就是一个过程。

故事探微

不打无准备之仗 ❶

　　小刘在学校不但刻苦学习文化课和专业课，考取了普通话、英语、计算机、导游等证书，而且积极参加学校的各种活动，热心为集体服务，特别重视沟通能力、合作能力的训

笔记处

❶ 蒋乃平. 职业生涯规划［M］. 北京：高等教育出版社，2013：129.

练和责任心的培养。他知道，职业资格证书能帮助自己敲开用人单位的大门，但是光凭专业能力在岗位上有可能站不住脚。

尽管许多师哥、师姐说实习很累、很苦，但丝毫没有影响小刘对实习的向往，因为实习是检验专业能力、提高社会能力的好机会。实习期间小刘被分到了大堂酒吧，这对与顾客沟通能力的要求很高，特别是外国客人多，对英语对话能力要求更高。虽然在学校里专门训练过与陌生人交往沟通的能力，可面对外宾，他不好意思开口了，但还是硬着头皮从打招呼开始，开始与外宾沟通。外宾们也喜欢和这个热情的小伙子聊几句，问些交通、景点方面的问题。

实习结束后，小刘顺利地和酒店签约，成为酒店正式员工。他对顾客热情，对同事真诚，工作认真，得到各方表扬。

问题思考

1. 在这个故事中，你受到了哪些启发？
2. 作为高职生的你，将为就业做哪些准备？

知识殿堂

一、就业信息的概念

就业信息指用人单位的信息、职业相近及相关行业现状和发展趋势等。具体来说是通过各种媒介传递的，与就业有关的具有利用价值的消息和情况，既指宏观方面的就业政策、就业制度、劳动力供需基本情况等，又指微观方面的劳动用工制度、人事制度等。

就业信息对于面临求职择业的毕业生来说非常重要。在劳动力市场化的情况下，就业信息是求职的基础。高职生搜集到的职业信息越广泛，择业的视野越宽阔，职业信息的质量越高，求职成功的可能性

笔记处

就越大。高职生不仅要搜集和掌握各种职业信息，还要学会分析和利用就业信息，把握机会，找到属于自己的理想职业。

二、培养主动获取就业信息的能力

外来的信息可分为"自求信息"和"非自求信息"。"自求信息"指自己有目的地寻找或请教他人去获得信息，"非自求信息"指非主动寻找，无意中得到，或用守株待兔的方式得到信息。如果学生过分倚重于"非自求信息"（通常是学校有关部门发布的信息），那么在获取信息的渠道就会很狭窄、被动。另外，"自求信息"一般与当事人追求的目标关系密切，针对性强，因此会得到更多的重视和更认真的处理。

三、如何用好就业信息

对搜集到的各种职业需求信息，应结合自己的实际情况，进行了认真的分析辨别，就可以通过这些信息明确职业选择的思路，确定职业选择的优先次序，制订相应的行动方案并开始行动。首先，通过所获得的职业信息进一步了解市场需要和自身优势以及不足，并对自己的职业规划进行必要的调整。其次，对职业信息进行分类后，按优先次序确定择业的范围并锁定目标。经过对收集到的职业信息进行系统的分类之后，高职生结合自己的兴趣、爱好、能力等条件，决定自己能够适应和胜任的职业，就可以确定自己大致的择业范围，以便集中精力争取到满意的工作机会。最后，制订行动计划并付诸实施，包括及时与用人单位取得联系和主动发出个人求职信息等。一般来说，职业信息的实效性很强，而且要获得一个工作岗位可能还要面对若干个竞争对手，所以在确定择业目标之后应该在尽可能短的时间内与用人单位取得联系，先入为主，争取主动。

💬 **思政拓展**

就业信息找一找

就业信息在大学生求职择业过程中起着非常重要的作用，谁能及

笔记处

时地获取信息，谁就容易掌握就业的主动权；谁获取的信息量大，谁的就业视野就广阔，择业成功的机会就多。就业信息的收集和处理是毕业生择业活动正常进行的前提和基础，对择业活动的成败具有重要的影响。现在，请针对自己所学专业，通过广泛的渠道收集整理相关的就业信息，并分析这些信息对你的就业提供了哪些帮助。

你自己所学专业：

收集就业信息渠道：

收集的就业信息有：

就业信息对自己就业的帮助：

笔记处

任务三　材料准备

经典寄语

有了好内容，也要有好形式。在求职过程中，材料的准备非常重要。我们既要把读大学期间所获得的成绩，实事求是地展现出来，又要把求职材料以充满技巧和艺术化的方式呈现出来，从内容到形式尽最大可能地吸引招聘人员，实现顺利就业。

故事探微

一封毕业生的求职信

尊敬的领导：

您好，请恕打扰！

我是一名刚从××大学××系毕业的大学生，很荣幸能有机会向您呈上我的个人资料。在投身社会之际，为了找到符合自己专业和兴趣的工作，更好地发挥自己的特长，实现自己的人生价值，谨向您做一下自我推荐。

本人情况简介如下：

作为一名××专业的高职学生，我热爱自己的专业，在3年的学习生活中，我学习了包括××学科的基础知识和实际运用等许多方面的知识。通过这些知识和技能的学习，我对这一领域的相关知识有了一定程度的了解和掌握。我们学校在注重理论知识教学的同时，更注重对相关实际操作技能的培训和锻炼，通过努力，我具备了一定的操作技能，获得了相关的××技能证书。

我知道计算机和英语是当前信息社会生存的基本工具，在学好本专业的前提下，我对计算机和英语的学习也投入了很多的时间，并阅读了大量相关书籍。辛勤的汗水也获得了良好的回报，我的计算机和英语能力有了很大的提高，取得了

笔记处

××××证书。

　　我正值青春，精力充沛，渴望在投身于社会之时能有更广阔的发展空间。因此，我希望加入贵公司（单位），我会踏实地做好本职工作，竭尽全力地在工作中取得良好的成绩。

　　在工作中我会继续加强学习，并期望通过实践得到锻炼和提高，我相信，经过自己的勤奋和努力，一定会作出应有的贡献。感谢您在百忙之中给予我的关注，愿贵公司事业蒸蒸日上，祝您的事业百尺竿头，更进一步！希望能对我予以考虑，热切期待能得到回音。谢谢！

　　此致

敬礼

×××

××××年××月××日

问题思考

1. 从求职信的案例中，你发现什么内容比较重要？

2. 在就业过程中，应该准备哪些材料？如何准备？

知识殿堂

一、求职材料

　　求职材料是大学毕业生全面介绍个人基本情况，全方位展示自我学识、能力和水平的各种说明性文件和证明资料。高职生求职材料包括个人简历、成绩单、求职信、证书等其他相关资料。

笔记处

（一）个人简历

个人简历主要由十部分内容组成。①基本情况：姓名，性别，标准照片，户籍，出生日期，毕业院校，专业，学历，学位，毕业时间，婚姻状况，联系方式（电话、手机、电子信箱、通信地址、邮编）等。②社会身份：政治面貌，所在社团。③期望薪酬。④求职意向。⑤教育背景：按时间顺序列出学历教育、职业教育经历，院校，专业，主要课程，所获得的各种专业知识、职业资格和学位。⑥外语、计算机水平。⑦所获奖励、荣誉。⑧实践经历：学生工作，社会活动，实习，兼职经历等。⑨其他个人特长及爱好、技能，作品著述，所参与专业团体情况。⑩自我评价。

（二）成绩单

大学期间的学习成绩单是高职生学业状况的反映。高职生在校期间的主要任务就是把该掌握的知识化为自身的本领。学习成绩不仅可以体现学生对专业知识的掌握程度，而且能反映高职生个人的学习认真程度和人生态度。很多单位对高职生成绩较为重视，甚至有的单位对有挂科现象的学生不予考虑。

（三）求职信

求职信属于书信的一种，其基本格式与其他书信没有多大区别。由开头、正文和结尾三部分内容组成（见前文案例）。

（四）证书

证书包括外语等级证书、技术等级证书、职业资格证书、各级各类荣誉证书等。

二、求职注意事项

（一）真实地表现自己

求职前需要积极的心态和完全的自信。因为应届学生几乎都没有什么特殊的经验和技能，大家处在同一个起跑线上，积极的态度和自信会使招聘单位看到额外的长处和学习能力。各类证书已经成为每个企业录取员工必不可少的"敲门砖"。有的招聘人员说，他最想看的是成绩表、外语和计算机的考级证书，以及其他代表学生能力的证书。

笔记处

（二）自信而不浮夸

大学毕业生应适当地"表扬"自己，自荐材料中，体现自己能力的内容，应放在最显眼的位置，以达先声夺人之效。个别毕业生在封面上特别提示自己获得的各种证书，是一条妙计。在求职材料里展现自己的长处和优势本无可厚非，但自荐材料包装要有度。自荐材料中有过多自我吹嘘的内容，会适得其反。

（三）做好就业定位，确立就业目标

对招聘单位和应聘的工作或职位要深入仔细地了解。在面试前最好了解清楚招聘单位的各种情况，如单位的性质、特点、部门结构等。个人准备的求职材料要有针对性，在符合自身实际情况的前提下，针对不同的用人单位可以"投其所好"，突出自己的特色，做到有的放矢。

思政拓展

制作求职材料

根据自己的求职意向，并结合自己的所学专业和特长制作一份求职材料。当你认真地写出上面每一项之后，你会发现，求职材料的准备工作悄然完成，而且还有清晰的就业规划，这样就为自己顺利就业打下了坚实基础。

自己的求职意向

1. _____
2. _____
3. _____

自己所学的专业课程

1. _____
2. _____
3. _____

_____

笔记处

个人履历包含基本情况、社会身份、期望薪酬、求职意
向、教育背景、所获奖励、社会实践、个人爱好特长以
及自我评价等

1. ....
2. ....
3. ....
4. ....
5. ....
6. ....
7. ....
8. ....
9. ....
   ....
   ....
   ....

自己的成绩单

1. ....
   ....

2. ....
   ....

3. ....
   ....

求职信

1. ....
   ....

2. ....
   ....

3. ....
   ....

笔记处

单元九　就业政策、就业形势与就业渠道

任务一　就业政策与就业权益

经典寄语

　　党的二十大报告指出："统筹城乡就业政策体系，破除妨碍劳动力、人才流动的体制和政策弊端，消除影响平等就业的不合理限制和就业歧视，使人人都有通过勤奋劳动实现自身发展的机会。"❶新的就业政策的实施和落地，对于保障劳动者就业权益将会起到重要作用，对于当今的青年学子走向职场提供了切实的保障。

故事探微

职校不是混日子！——"00后"女生梦想成为高级木工❷

　　在世界技能大赛湖北赛区现场，一位"00后"选手引人注目。她中等个头，身材苗条，皮肤白皙，在清一色的男人世界中，尤其抢眼醒目，与木匠这一职业格格不入。她就是世界技能大赛湖北赛区精细木工项目选拔赛的唯一女生——高盼。

　　兴趣是最好的老师。说起当木匠的起因，高盼告诉记

---

❶ 本书编写组. 党的二十大报告学习辅导百问[M]. 北京：党建读物出版社、学习出版社，2022：36.

❷ 职校不是混日子：00后女孩当木工、学汽修，还参加世界大赛[EB/OL]. 共青团中央，2021-8-27.

职业生涯规划与发展指南

笔记处

者："说心里话，当初只是觉得好玩。" 19岁的她，是湖北生态工程职业技术学院室内设计专业的大三学生，她的人生规划中并没有当木匠这一页。当学校开"精致木工"这一课程时，她只是感兴趣而已。也许是因为兴趣是激励学习最好的老师，她的这个爱好一兴起，就进入了痴迷状态。"第一次做榫结构的时候，好像是跟它心灵相吸一样。"在高盼的印象里，木工是老一辈拿着锤子敲敲打打的样子。但随着学习的不断深入，她逐渐明白木工是一种高技术的工作，木工的设备也一直在更新换代。通过课程的学习，高盼认为，"现在的顶尖木工应该把现代科技和原木很好地结合起来，也就是把老祖宗的东西加入现代科技艺术"，让家具既美观又实用。

榜样是一个人心中激起成功力量的源泉。一次在外省参赛时她看到，有一位女选手跟自己一样在追求梦想，高盼就像是在人生迷茫的路上找到了榜样。于是，她们加了微信，每当遇到困难时，她们就相互鼓励，坚定信心。高盼为了能在规定时间内做出又精又良的家具。她苦练技艺，每天还坚持跑步锻炼体力。高盼还告诉记者，今年暑假集训时，时常工作到很晚，整个楼层的同学都放假了可自己连个说话的人都没有，那种孤独，真是难以言表。

高盼在手指受伤的情况下，忍受痛苦完成参赛作品，最终获得赛区第二名！高盼说未来想让别人知道"家具制作领域有我这个人"！

问题思考

1. 从高盼迷上木工制作的故事，思考自己有哪些兴趣能发展成未来的事业？
2. 在高职学习生涯中，你会选择苦练自己的专业技能吗？

笔记处

就业政策指政府和社会群体为了解决现实社会中劳动者就业问题制定和推行的一系列方案及采取的措施。就业政策是助力失业人员和新生劳动力就业的根本手段和政策手段。

一、新形势下的就业政策

就业是民生之本，是关乎经济发展、社会和谐稳定的重大问题。近年来，随着经济结构的战略性调整、城镇化进程加快，就业问题显得格外重要。人力资源和社会保障部指出，2022年就业总量压力不减，需要安排就业的城镇新增长劳动力仍然在1500万人左右，其中大中专毕业生就有1076万人，2023年更是达到1154万人，创历史新高。同时，结构性矛盾仍然突出，就业难和招工难并存。制造业、服务业普工难招，技术工人短缺，就业压力比较大。

就业问题主要包括三方面。第一，如何为每年毕业的高职生创造新的岗位；第二，农民工进城部分的就业减少幅度比较大，如何能够为他们提供就业机会；第三，城市新增就业的形势跟往年比不容乐观。"要想解决这三部分就业，真正推动就业优先战略落到实处，从大学生来讲，核心的问题还是要发展生活型、生产性和公共型服务业，扩大就业的吸纳能力，另一方面，通过新的技术、新的产业、新的业态、新的模式等新经济部分的发展来创造大学生新的就业岗位；对于外出务工人员的就业，则需要大力发展职业教育，把农村外出务工人员培养成合格的员工；对于城镇新增就业，目前来讲还是存在很多矛盾现象，其实就业机会还是非常多的。"❶

加快研究降低社保费率的实施方案，加大失业保险费返还的力度和幅度。突出做好高校毕业生、农民工、退役军人等重点群体的就业创业工作。此外，人力资源和社会保障部门还将开展大规模的职业技能培训，对培训合格的失业人员给予职业培训补贴，放宽企业职工申领技能补贴的条件，多渠道、多方式提供针对性培训，不断提高劳动

❶ 田进. 中央经济工作会议：促进就业、扩大中等收入群体[EB/OL]. 搜狐网，2020-12-18.

笔记处

者的就业创业能力。加大对就业困难人员的就业援助，确保"零就业家庭"动态清零。

《中华人民共和国就业促进法》规定了县级以上人民政府应当把扩大就业作为重要职责，统筹协调产业政策与就业政策。国家为促进就业采取了税费减免、社保补贴、岗位补贴、小额担保贷款、就业援助、免费职业培训和职业介绍等各项就业扶持政策。各级人民政府也相应建立健全就业援助制度，采取税费优惠和减免、免费技能培训、小额担保贷款、社会保险补贴、岗位补助、贷款贴息等方式，通过职业介绍、职业指导、就业训练、定向培训和公益性岗位等多种途径，对有就业愿望和就业能力，并向积极求职的就业困难人员实行优先扶持和重点帮助。

二、国家支持就业的优惠举措

近几年，国家相继出台了一系列关于就业的优惠举措。

（一）拓宽就业领域

支持多渠道就业，对艰苦边远地区县以下基层单位服务期满并考核合格的基层服务项目人员，可通过直接考察的方式择优聘用到服务地乡镇事业单位；对小微企业吸纳离校2年内未就业高校毕业生和离校2年内未就业高校毕业生灵活就业的，按规定给予社会保险补贴。鼓励创业带动就业，加强创新创业教育，将创业培训向校园延伸，放宽创业担保贷款申请条件，支持高校毕业生返乡入乡创业创新。

（二）加强就业服务

将组织毕业生参观公共就业创业服务机构、企业和创业园区纳入就业指导课程实践，建立职业指导师联系毕业班制度。组织分层次、分类别、分行业的校园招聘活动，向毕业生普遍推送政策清单、服务机构联络清单。将留学归国人员、港澳台青年全面纳入公共就业人才服务体系，同等提供就业创业服务。支持人力资源服务机构为高校毕业生提供公共就业创业服务。将有培训需求的高校毕业生纳入职业技能提升行动，鼓励职业院校和应用型本科高校学生在获得学历证书的同时，取得多个职业技能等级证书。

（三）强化就业权益保护

省会及以下城市全面放开对高校毕业生、职业院校毕业生、留学归国人员的落户限制，精简落户凭证，简化办理手续。加强招聘领域监管，严肃查处"黑中介"、虚假招聘、违规检测乙肝项目等违法行为，严厉打击以求职、就业、创业为名义的信贷陷阱和传销、诈骗等违法犯罪活动。规范就业签约。

（四）支持"新基建"建设

近年，"新基建"成为中国经济热词，相关支持政策密集出台。"新基建"将成为中国经济高质量发展的重要助推力，也将为高职生带来更广阔的就业机遇。作为高职生首先要保持信心，针对国家就业优惠政策，不断调整心态，思考自己适合做什么，加强人生规划。加强网络学习，通过网络招聘平台投简历，网上面试。调整心态，及时适应"新基建"。国家在大力发展新基建，新基建中蕴藏机遇，高职生要主动接受，不断学习，大学教会了我们如何思考，如何学习，即使在陌生的领域也会做出成绩。

（五）全力做好兜底保障

扩大就业见习规模，及时摸排锁定有见习需求的高校毕业生和失业青年，帮助他们获得岗位实践机会。将求职创业补贴对象范围扩大到中等职业学校（含技工院校）符合条件的困难毕业生，补贴发放调整为毕业学年10月底前完成。对就业困难毕业生和长期失业青年实施"一对一"援助，在深度贫困地区开展送岗位上门活动。

三、就业权益

为了维护劳动者公平就业权益，我国相继出台了一系列保障和促进劳动者就业的法律法规，包括《中华人民共和国劳动法》《中华人民共和国劳动合同法》《中华人民共和国职业教育法》《失业保险条例》《民法典》等，这些法律法规具有指令性、方向性和强制性等特点。在严峻的就业压力和就业形势下，毕业生特别需要关注相关法律法规的使用。

（一）就业协议和劳动合同的相关规定

1.就业协议不同于就业合同

一部分毕业生认为，有就业协议就不用签订劳动合同了，就业协议就是劳动合同。这种看法是错误的。就业协议指毕业生在校时，与用人单位、学校三方协商签订的，是编制毕业生就业计划和毕业派遣

笔记处

的依据。而劳动合同是毕业生与用人单位明确劳动关系中权利和义务关系的协议，是上岗毕业生从事何工种劳动的依据。也就是说，就业协议签订在前，劳动合同订立在后。另外，它们所包含的内容也不同，就业协议的内容主要是毕业生如实介绍自身情况，并表示愿意到用人单位就业，用人单位表示同意接受该毕业生，学校同意推荐该毕业生，列入就业方案并纳入就业情况统计，它不涉及毕业生到单位报到后所享有的权利和义务。而劳动合同涉及劳动报酬、劳动保护、工作内容、劳动纪律等，劳动权利义务关系更为明确。因此，毕业生只有明白二者之间的差别，才能更好地通过签订有效的劳动合同来维护自身的权利。

2. 就业协议对高职学生就业的促进作用

既然劳动合同才是劳动者权利的根本保障，很多毕业生认为不用签就业协议而直接签劳动合同就可以了。直接签劳动合同是有效的，但也缺少就业协议中的部分优势。首先，就业协议经过学校签证，这有助于学校做好就业促进工作。毕业后，学校可以根据就业协议书把学生的档案直接寄给用人单位的档案保管部门，减少了周转的时间，提高了新单位办理手续的效率。其次，劳动合同只规范学生毕业后的就业行为，必须根据劳动法规定订立，对违约金的设立局限性很大，假如有一方在毕业前反悔，另一方将无法根据相关政策保护自己。而就业协议上往往有违约金规定，违反协议者应支付违约金。

（二）订立劳动合同注意事项

1. 劳动合同的订立

自用工之日起即建立劳动关系，用人单位应1个月内签订书面合同，否则被处罚支付双倍工资。同时劳动合同法规定，"用人单位自用工之日起满一年不与劳动者订立书面劳动合同的，视为用人单位与劳动者已订立无固定期限的劳动合同"。这样的法律规定将促使企业更主动地与学生签订劳动合同。

2. 合同必备条款

《劳动合同法》规定合同中必须有用人单位的名称、住所和法定代表人或者主要负责人，劳动者的姓名、住址和居民身份证或者其他有效身份证件号码，工作地点，工作时间和休息休假，社会保险五项条款。如果企业合同中没有此条款，用人单位就涉嫌违法。

笔记处

3.试用期的规定

劳动合同期限三个月以上不满一年的，试用期不得超过一个月；劳动合同期限一年以上不满三年的，试用期不得超过二个月；三年以上固定期限和无固定期限的劳动合同，试用期不得超过六个月。同一用人单位与同一劳动者只能约定一次试用期；试用期的工资，不得低于本单位相同岗位最低档工资或者劳动合同约定工资的百分之八十，并不得低于用人单位所在地的最低工资标准。法律中有关试用期期限的规定，避免了用人单位无限期对劳动者的试用，为保护初涉职场的高职生的权益提供了法律保障。

4.经济补偿金条款

除了劳动者没有过错被解除劳动合同需要支付经济补偿金外，劳动合同到期时用人单位不续签合同的，也需要向劳动者支付经济补偿金。这样的规定，充分体现了立法对履行劳动合同期间劳动者贡献的补偿和肯定，也要求用人单位思考如何才能使劳动合同管理满足成本合理和管理便利的双重要求。除了续签劳动合同外，对劳动者更加人性化的管理意识，提升劳动者的劳动效率，实现劳资和谐和共赢才是根本。

（三）劳动者解除劳动合同时的注意事项

1.协商一致解除劳动合同

劳动者与用人单位协商一致的情况下可以解除劳动合同。但应注意，劳动者主动提出的情况下，用人单位不需要向劳动者支付经济补偿金。

2.提前通知解除劳动合同

《劳动合同法》第三十七条规定，劳动者提前三十日以书面形式通知用人单位，可以解除劳动合同。劳动者在试用期内提前三日通知用人单位，可以解除劳动合同。需要注意的是，劳动者履行提前通知义务必须以书面形式，且要保留用人单位签收书面通知的证据。劳动者向用人单位发出书面通知后，用人单位不明确表示同意，同时不为劳动者继续提供劳动保护或者劳动条件导致劳动者无法工作，或不支付劳动报酬，或不为劳动者缴纳社会保险费，则劳动者可以依据《劳动合同法》第三十八条的规定，在履行事先告知义务后，解除劳动合同，不必再等到三十日期满后再离开用人单位。

3.符合法定情形劳动者解除劳动合同

《劳动合同法》第三十八条规定了劳动者可以解除劳动合同的法

笔记处

定情形。需要说明的是，强行给劳动者"放假"或"停工"可视为未提供劳动条件，拖一天或少付一元也是未及时足额支付劳动报酬。劳动者都可以据此提出解除劳动合同。

💬 **思政拓展**

了解就业政策，确定就业方向

为进一步明确自己的就业方向，结合国家和当地政府支持的就业政策和就业法律法规，以避免给自己的就业造成不可挽回的损失，请填写下列表格。

最新的国家就业支持政策

1.

2.

3.

自己所在城市支持的就业举措

1.

2.

3.

就业中注意的法律法规

1.

2.

3.

自己的就业方向

1.

2.

3.

笔记处

任务二　就业形势与就业理念

💬 经典寄语

党的二十大报告指出："深化人才发展体制机制改革，真心爱才、悉心育才、倾心引才、精心用才，求贤若渴，不拘一格，把各方面优秀人才集聚到党和人民事业中来。"❶这是中国共产党给广大学子的庄严承诺，昭示广大学子要抓住这大好的就业形势，给广大学子做最有力地保驾护航，在实现中华民族伟大复兴的征程中绽放青春！

💬 故事探微

就业"画像师"起了大作用❷

我叫杜波鸿，是一名大二的高职生，相比本科生，我的"就业季"来得要更早些。今年3月，我早早地就收到了中铁七局的实习通知，提前拿到了求职"入场券"。实习结束后，表现不错的话可以直接转正，这让我吃下一颗"定心丸"。

据教育部统计数据，2023届全国普通高校毕业生规模再创新高，预计达1158万人。面对严峻的就业形势，是选择就业还是升学，我也曾拿不定主意。如今能被心仪的企业"相中"，我认为主要归功于学校就业"画像师"的精准指导和帮扶。

所谓就业"画像师"，其实就是我们学校的大学生职业生涯规划导师助理。2021年，为了践行"分类培养、精准施教"理念，我们学校成立了大学生职业生涯规划导师助理

笔记处

❶ 本书编写组. 党的二十大报告学习辅导百问［M］. 北京：党建读物出版社、学习出版社，2022：28.
❷ 冯军福. 就业"画像师"起了大作用［N］. 河南日报，2023-3-23.

团，成员由312名学生组成，覆盖全校所有年级和班级。在就业导师的指导下，"画像师"们要根据学生自身的兴趣、特长、专业等情况，为其绘制"职业画像"，提供精准的就业服务。

我的同学牛亚东就是导师助理团的一员。当他得知我那段时间忙着找工作时，就一直帮我收集推送企业信息、修改完善简历。"波鸿，你不是擅长剪辑视频吗？除了投简历外，可以自己录制一段求职视频，给企业留一个好印象。"牛亚东给我出主意。于是，在就业指导老师王林和牛亚东的帮助下，我尝试着制作了一段5分钟的求职视频。没想到，正是凭借这个小创意，用人单位向我伸出了"橄榄枝"。

通过这次求职经历，我对就业"画像师"有了更多了解，也更加深刻地体会到，让更多学生得到高质量的就业指导服务，单靠学校老师的力量还不够，还需要更多像牛亚东这样的导师助理来参与。

在我看来，成立导师助理团还有一个重要意义，就是充分发挥朋辈引领作用，让学生影响学生。相比就业指导老师，我们学生更了解身边同学的想法，也更容易产生共情。我在找工作的过程中也发现，一些工作岗位在老师看来是很不错的机会，但很多同学的意愿并不强烈。这其实和我们的就业心态有很大关系。对于我们这些职场新生力量"00后"来说，我们的择业自主意识更强、职业选择更加多元，普遍有一种"就业不将就"的心态。作为同龄人，导师助理更能理解和感知我们的心态，从而提供更有针对性的就业指导。

就业"画像师"既助人也助己。亚东经常对我说，加入导师助理团后，他不仅帮助身边的同学成功"上岸"，也对自我有了更清晰的职业认知。找到心仪的工作后，我也决定加入导师助理团。从受助者到施助者，我希望把自己的求职经验分享传授给更多同学。

问题思考

1. 从该故事中，你受到了哪些启发？
2. 在就业形势严峻的今天，你能像杜波鸿那样有一技之长吗？

知识殿堂

一、就业形势

就业与经济发展密切相关，随着经济规模和产业结构的变化，就业形势也随之波动。从国内经济形势看，2022年我国经济增长7.7%，处在预期目标的合理区间，但已连续两年低于8%的水平，国内经济运行总体平稳，但发展速度变缓，下行的压力短时期内还难以改变。从国际形势看，世界经济复苏减缓，直接影响着已经融入世界经济的我国的对外贸易，使得外向型出口企业发展困难，吸纳就业能力下降。综合各方面环境因素，特别是高校毕业生近年增量多、压力大。具体表现在以下四个方面。

（一）大学毕业人数剧增

从1999年的高校扩招开始，我国高等教育进入了新的发展阶段，毕业生人数持续攀高。据教育部统计数据表明，2015~2020年，我国高校毕业生人数分别是749万、765万、795万、820万、834万、874万，2021年全国普通高校毕业生达到909万人，而到2022年全国普通高校毕业生突破1000万大关，达1076万人，2023年创历史新高，达到1154万人。相对于毕业生人数的增加，高职生就业率却出现了下降。根据招聘平台发布数据显示，2022年高校应届毕业生新增岗位同比降幅达49%，而100人以下的小微企业对应届毕业生的需求同比降幅达到了60%以上。

（二）应届生工作经验不足

高职生求职中遇到的最大困难是"缺乏工作经验"。高职生有的是专业知识，缺的是工作经验。据调查数据显示，在很多企业中，由实习生转为全职员工的比例很高，一般在20%~40%。因此高职学生

笔记处

进入学校后一定要进行实习或者兼职，充分利用业余时间增加工作经验弥补工作经验不足的劣势。

（三）高职学生就业跳槽频繁

许多企业不愿意接受应届高职学生的很大一部分原因是高职生做事眼高手低，不愿从基层做起，缺乏吃苦耐劳精神，比较爱面子，怕从事底层的工作被朋友亲戚看不起，人际沟通能力差，比较自私。此外，高职生就业后稳定性差，企业接收高职生后一两年内流失率在30%以上的达到被调查企业总数的50%。

（四）虚假招聘干扰择业

一些企业利用当前高职生供过于求的形势，推出假招聘，先给出诱人的待遇条件，然后以培训等名义收取费用，再以试用不合格等理由辞退学生。还有的招聘单位为了完成任务，把招聘信息也要公开，其实已经招满或者根本就不招聘，致使给毕业生造成了精神浪费和成本浪费。

综上所述，在严峻的就业形势下，用人单位除了看重学生的基本知识水平，还看重综合能力，如行政办事能力和人际关系处理能力。同时，是否取得其他职业资格证书也是用人单位看重的内容。鉴于这种情况，高职学生要广泛涉猎知识，积极获得相关行业和职业资格证书。在校期间，高职学生可以通过参加学生会和社团活动，培养良好的处理问题方式以及积极认真的工作态度，树立新的就业观念，为以后的就业工作打下良好的基础。

二、就业理念

在传统的就业理念中，大家在就业时往往看重政府机关、国有企事业单位等所谓的"铁饭碗"，在职业选定后"活到老，做到老"，把某一职业看成终身制。目前，随着社会主义市场经济的充分发展，就业形势的变化，"双向选择，自主就业"模式早已形成。高职学生在大学阶段就应该提早准备，不断提高自己的职业素质和全面工作能力，为将来就业打下坚实的基础。现在，人才市场、劳务市场正在逐步建立和完善，政府人力资源等有关部门也在积极地为毕业生的择业就业提供服务和帮助，信息时代网上招聘的方式已普及，高职生足不出户就可以投递电子简历。可以说，就业渠道越来越多、就业道路越来越宽。只要高职生通过自己的努力，做好契合自己实际的合理定

笔记处

位，就能通过双向选择、自主就业，找到自己比较满意的职业岗位。

（一）树立大众化的就业理念

在高等教育已经进入大众化教育的时代，大学毕业生找工作时要有一颗平常心。当前，我国非国有经济在整个国民经济中占有越来越大的比重。中小企业在经济社会中日益发挥着不可替代的功能和作用，是推动我国经济社会发展的重要力量。中小企业和民营经济的健康发展，对于优化经济结构和吸纳新增就业人员具有十分重要的现实意义。为了改善中小企业的经营环境，促进中小企业健康发展，扩大城乡就业，发挥中小企业在国民经济和社会发展中的重要作用，国家对中小企业实行积极扶持、加强引导、完善服务、依法规范、保障权益的方针，为中小企业的建立和发展创造有利环境。民营企业大多规模不大，但数量众多，吸纳的就业人口总量较多，民营企业对新增就业贡献率达到了90%。大学毕业生只要紧跟时代步伐、把握住时代的脉搏就一定能找到适合自己的工作岗位。

（二）树立灵活的就业理念

按照传统的就业观，大学毕业就该找一个比较体面、比较稳定、收入较高，而且与所学专业比较对口的工作。由于部分工作的学历限制，作为高职毕业生，必须转变观念，确立灵活的就业理念。首先，要对就业内涵有更宽泛的理解。高职毕业生只要已开始从事获取相应报酬的社会活动，无论是在编还是编外、长期还是临时，皆可视为"就业"。其次，淡化现有的单位体制和人员身份观念。不管是哪一行，也无所谓行政、事业、国有、集体，无所谓合资、独资、私营、个体，只要有一个可供自己施展才能的平台，都可以是择业的首选。最后，推崇与追求自主创业。在努力争取政府安置、企业吸纳的同时，致力于自我开拓就业阵地，或个人独闯，或几个人合作，或办厂、开公司，或做中介、搞服务，或开小店、摆地摊等，坚信"天生我材必有用"，以自我为中心拓展空间，创造机会，凭自己的智慧和才能实现就业梦。

（三）根据实际情况自主创业

目前，国家提倡"大众创业、万众创新"，我国各级政府也出台了很多支持高职生创业的优惠政策。大学毕业生不仅可以到民营企业去就业，还可以利用好国家政策提供的广阔发展空间进行创业。职业技术学校的毕业生也要利用自己所学的知识和技能开创出一番事业来。这样，既为国家解决了就业安置的问题，也可以通过创业，实现自己的人生价

笔记处

值，立创业之志，走创业之路，建创业之勋。近年来，涌现出一大批职业技术学校的毕业生自主创业取得成功的事迹。他们的创业成功表明，发挥自己的优势，走艰苦拼搏的创业之路还是大有可为的。

（四）建立大哲学观促进就业

"万事万物是相互联系、相互依存的。"如果仅从自身狭小的范围考虑就业，不免会走上死胡同，所以需要借鉴大哲学观，树立哲学思维方法。党的二十大报告指出："只有用普遍联系的、全面系统的、发展变化的观点观察事物，才能把握事物发展规律。"❶报告还指出："我们要善于通过历史看现实、透过现象看本质，把握好全局和局部、当前和长远、宏观和微观、主要矛盾和次要矛盾、特殊和一般的关系，不断提高战略思维、历史思维、辩证思维、系统思维、创新思维、法治思维、底线思维能力，为前瞻性思考、全局性谋划、整体性推进党和国家各项事业提供科学思想方法。"❷无论学习什么专业，未来无论从事什么职业，如果常常用这些方法考虑问题，很多问题就会迎刃而解。

💬 **思政拓展**

谈一谈自己的就业计划

结合当下就业形势，梳理自己的就业理念，谈谈自己的就业计划。

当下就业形势是什么

1. _____

2. _____

3. _____

---

❶ 本书编写组. 党的二十大报告学习辅导百问［M］. 北京：党建读物出版社、学习出版社，2022：16.

❷ 同❶.

笔记处

自己的就业理念是什么

1.
2.
3.

自己的求职计划

1.
2.
3.

自己为求职所做的准备

1.
2.
3.

撰写自己的求职计划书

1.
2.
3.

笔记处

党的二十大报告指出："健全终身职业技能培训制度，推动解决结构性就业矛盾。完善促进创业带动就业的保障制度，支持和规范发展新就业形态。"[1]报告为广大学子开拓了更为广泛的就业渠道，为顺利就业提供了坚实的保障。

机会总是留给有准备的人[2]

我叫王光鑫，今年才毕业，可是去年就有几家企业向我发出邀请，想让我去他们公司上班。

之所以有这样的好运气，是因为我得了一个奖——2022年全国职业院校技能大赛一等奖。获奖消息公布没几天，我就陆续收到了几家企业的入职邀请。

俗话说"金三银四"，现在正是求职就业的高峰期。动手能力强、有创新精神的高职毕业生更受用人单位欢迎。我们学校瞄准市场需求、企业需求培养我们，我也非常珍惜学习的机会，一直不敢懈怠。

我们用的教材，有些就是企业参与编写的，行业的新技术、新工艺、新规范都在课本上，企业的技术标准、工程案例等课堂上也都学过，所以我们对要从事的行业并不陌生，只要好好学，就一定能胜任工作。

作为一名职校学生，能在全国职业院校技能大赛上获奖

---

[1] 本书编写组. 党的二十大报告学习辅导百问 [M]. 北京：党建读物出版社、学习出版社，2022：36.

[2] 王光鑫. 机会总是留给有准备的人——"我的就业故事"系列报道之三 [N]. 河南日报，2023-3-24.

笔记处

一直是我的梦想。备赛的那段时间，我和其他队员一起，每天从早上7点忙到晚上11点，非常辛苦，但是回头看看，一切都值得。这个过程让我收获了很多，如自主学习能力、钻研精神、创新意识。

机会总是留给有准备的人。每当有懈怠情绪的时候，我总会提醒自己，一定要坚持下去，坚持就是胜利。

其实，在我们学校，学生就业工作不是哪个人、哪个部门的事儿，而是全校的事儿。学校组建了由企业专家、学院领导、专业教师、就业导师、就业专干、辅导员、班主任和顶岗实习指导老师组成的学习、成长、就业全链条指导团队，专家作报告、书记讲政策、院长讲形势、专业教师讲技能、就业导师讲规划、辅导员讲心态、班主任讲流程、指导老师讲实践，帮助我们树立正确的人生观、价值观、成才观、就业观，让我们想清楚将来想走哪条路、怎样才能把路走好。就业有困难的同学也不用担心，学校会开展"一对一"重点帮扶。

现在，全社会对技能人才都非常重视。不忘初心坚持下去，我相信职校学子的人生也能很精彩。我们的优秀校友余军伟就是从一名普通的高职学生成长为全国劳模的。他凭着扎实的基础和不服输的韧劲儿，不断通过技术创新实现自己的航天报国梦。走技能报国的道路，他就是我的榜样，我对未来充满信心。

问题思考

1.从王光鑫故事中，你受到了哪些启发？
2.你为早日就业做了哪些准备？

笔记处

我国自改革开放以来，不断进行招工、用工等制度的改革，将市场引入就业领域，各地原来承担分配工作的劳动局就业科室，已改为各级公立职业介绍所和职业介绍中心，成为就业市场的主要场所，也成为求职人员就业的主要渠道。

一、就业渠道

（一）劳动市场

劳动市场从本质上来说是一种社会经济机制，即平等竞争、供求见面、双向选择的社会环境。从个人的就业直观角度看，劳动市场是可以自由地进行职业选择的场所，是求职者找职业、企业事业机关单位招收员工的"鹊桥会"。劳动市场中还有被称为"人才银行""人才市场"等的高层次市场，我国的人才市场主要是各级政府举办的"人才交流中心"。

（二）应聘、应试

许多用人单位需要招聘人员时，通过报刊、电台、电视台、广告等途径，发布"招聘启事"。求职者可以按照招聘启事中所提供的时间、地点前去应聘、面试，或邮寄个人材料和求职信进行联系，也可打电话询问详情，约定面试时间。

（三）个人自由谋业

个人自谋职业是充分体现一个人择业权利的就业途径。走个人自谋职业途径的人，有的是因为劳动市场中缺少合适的就业机会，有的是自己的择业意向较高，不满足社会提供的现成职业岗位。在我国目前的就业形势下，走自谋职业之路，已经成为国家就业工作的重要指导方针。

（四）社会选拔

社会为了获取优秀的人才，往往采取不同的形式从众多的社会成员中选拔优异者。我国现在实行的国家公务员考试录用制、研究生招考制、工程技术专家的社会招聘制、中小学教师招聘、选调生考试等都属于社会选拔式的就业途径。

笔记处

（五）亲友介绍

成年人有自己的人际交往圈，他们又对不同的职业有所了解。青年人的父兄长辈，往往会对青年的职业生涯进行各种帮助，例如对青年的职业选择方向进行指导，为青年求职出主意、想办法，到处奔走为亲友介绍合适的岗位等。这种途径不仅在传统社会中大量存在，而且仍然是现代社会中人们就业的途径之一。

（六）国家分配工作

国家分配工作是我国沿袭了几十年的做法，个人在这种途径中择业权很小。目前，国家分配工作的范围已经大大缩小，仅对退伍军人和一部分大中专毕业生进行工作分配。

（七）自然继承

自然继承一般是出身于农民、手工业者、工匠等家庭的青年的选择。在这些家庭中成长的人，受到职业信息知识的耳濡目染，加上家庭传承式的能力培养，一些人采取在家庭中自然继承就业的方式。

二、就业"陷阱"

高职毕业生走出大学校门后面临如何融入社会的问题，而融入社会的第一步，就是找工作。不少刚毕业的学生认为找工作无非就是投简历、面试，满意了就签合同、上班。虽然流程确实是这样，但是对于毕业生来说，可能在求职过程中，因为经验不足，防范意识薄弱，不小心陷入求职陷阱，给自己带来不必要的烦恼。

（一）"押金"陷阱

有些用人单位在招聘时会以各种理由收取求职者的押金。这些所谓的公司佯装在短期租赁的写字间办公，很可能在收取押金后就消失了，押金只能石沉大海。因此在找工作的时候，千万不要把能金钱交给招聘单位。《劳动合同法》第三条规定，订立劳动合同，应当遵循合法、公平、平等自愿、协商一致、诚实信用的原则。因此，在订立劳动合同的过程中，任何一方不得向对方强行附加不合理的或者违反法律规定的条件。《劳动合同法》第九条规定，用人单位招用劳动者，不得扣押劳动者的居民身份证和其他证件，不得要求劳动者提供担保或者以其他名义向劳动者收取财物。

笔记处

（二）"中介费"陷阱

中介公司随处可见，许多不正规的中介或猎聘经纪公司说自己与很多单位挂钩，这些公司往往会利用求职者求职心切又想找到好工作的心理骗取求职者的中介费。这些中介公司往往会收取一笔昂贵的中介费用，承诺给求职者找到"世界五百强""月入过万"等"好工作"，最后工作没找到，黑中介人去楼空。

（三）"培训费"陷阱

在招工的时候一些单位会以高薪为诱饵让求职者缴纳高额的培训费，他们承诺会给求职者优厚的待遇。如果一心想赚大钱的高职生很容易上当，向招聘单位缴纳一笔费用后，招聘单位就会以各种理由推托，甚至还会以各种理由继续骗钱。

（四）"套取个人信息"陷阱

现在许多靠贩卖个人信息获利的中介公司，通过在网上发布虚假招聘信息的方式，收取应聘者简历套取个人信息。应聘者一定要查清该招聘信息的真实性，通过网络、黄页等途径查询该招聘公司相关信息，同时，简历上身份证号码、地址等内容不必太具体，主要留电话以及个人其他资历说明即可。如淘宝刷单、打字员、刷信誉等网络兼职，这些工作看似既轻松，又能赚大钱。对于涉世未深的学生来说，这样的兼职非常具有吸引力，对于此类工作，不能轻易地向招聘人员提供自己的银行卡号码、手机号码、身份证号码等个人信息，以免落入骗局。

（五）"高薪传销"陷阱

传销一般以高薪、高收益为诱饵，传销组织人员利用大家对赚钱的欲望骗取金钱，一旦陷入传销骗局就很难抽身。学生进入传销公司后就需要缴纳一定的提货款，然后被迫骗取自己亲属和朋友的钱，或者把他们骗到传销组织中来。学生一定要提防传销组织，不要被高薪蒙蔽双眼。许多应届毕业生初入社会，没有社会经验又急于找到收入高的工作来改变自己的经济状况，容易陷入此类骗局。

（六）"扣留重要证件"陷阱

一些不正规的企业在面试时扣留应聘者的重要证件（身份证、学位证、毕业证等），借口审核资料，实则另作他用。这种情况非常危险，可能会用应聘者的证件做不法行为。应聘者切记，用人单位仅需要相关证件的复印件，不需要证件原件。

笔记处

（七）"只试用不聘用"陷阱

有些用人单位借招聘新人"试用期"来应对企业内部繁忙的工作季，毕竟试用期工资低，用人成本自然降低，而"试用期"结束，则找各种借口解聘。应聘者在找工作的时候一定要认真阅读劳动合同，懂得用国家法律法规保护自身利益。

（八）"不签劳动合同"陷阱

有些用人单位不与应聘者签订劳动合同，只签就业协议，可以避免在辞退员工的时候支付一大笔赔偿费。就业协议不等同劳动合同，这是应聘者应知道的最基本的保护切身利益的知识。所有劳动关系的建立，都必须在用工一个月内签订劳动合同。

三、防范就业"陷阱"的方法

（一）选择正规的渠道

对于毕业生来说，求职过程中，选择正规的求职渠道或者求职机构是非常重要的。因为这些合法的部门至少能保证信息的准确性，即便出现一些问题，毕业生也不至于申诉无门。通常各大城市都有正规合法的求职部门，定期发布岗位信息，组织免费的招聘会，毕业生可以常到这样的招聘会寻求合适的企业和岗位，保证信息的安全。

（二）核实单位的资质

在科技发展迅猛、网络信息发达的今天，毕业生可以使用天眼查、微信小程序中的企业信用信息查询等工具查到企业工商注册信息，了解单位是否合法、运营是否正常等信息。求职者向社会上自称职业介绍的机构登记求职时，要核实该机构是否有工商营业执照和《人力资源服务许可证》，按规定未经人力资源和社会保障部门许可发证的不得开展职业介绍业务。

（三）加强个人信息保护

有些毕业生为了能够尽快就业，有时候接到关于工作的陌生电话，很轻易就将个人信息如实告知，不认真核实对方的真实性。这样做很容易把自己真实信息全部提供给不法分子，给自己带来不必要的麻烦。

笔记处

（四）拒绝交中介费

正规的就业机构不会要求求职者支付中介费。而一些不合法的中介，经常会用高薪、工作轻松等谎言来诱惑毕业生，让毕业生缴费后才介绍这样的职位给毕业生。

（五）留意面试地点

正规单位的面试一般在公司办公地，而一些有猫腻的公司，通常都会找一些隐蔽的地方来面试。这时毕业生要提高警惕，避免落入陷阱。

（六）谨慎签合同

签合同对于就业是必需的。毕业生在就业的时候，一定要认真看好合同，不要为了能够尽快工作而忽视了签订合同的重要性。合同是就业者的保障和维权工具，签合同之前一定要仔细审阅合同条款。

（七）看清协议或合同内容

签订"普通高校毕业生就业协议书"或者"劳动合同"时，一定要注明双方谈妥的福利、保险、食宿条件等内容，毕业生与用人企业签合同时要"三看"：一看企业是否经过工商部门登记以及企业注册的有效期限，否则所签合同无效；二看合同字名是否准确、清楚、完整，不能用缩写、替代或含糊的方式表达；三看劳动合同是否有一些需要添加的内容。

（八）提高自身安全保障意识

这对于保护自己的人身安全是非常重要的。尽量不要只身一人去异地参加面试，特别是女生，最好可以约同学一起陪伴前往。临走前，务必把自己的去向告诉老师和同学，以保证自己人身安全。若在求职过程威胁到自身安全，一定要及时报警，寻求警察的保护。

除此之外，在求职要做到耳听有时不虚，眼见未必真实；要做到不轻信口头承诺，高度警惕职业介绍或劳务派遣机构任何名义的收费行为；在通过职业介绍机构找工作时，必须查看其营业执照、人力资源服务许可证等相关资质，并保留收费凭证；建议求职者直接与用人单位洽谈并签订劳动合同。另外，求职者接到招聘邀约后，要及时核实相关信息，特别是要到市场监管部门官网查询该用人单位注册或备案情况。求职者发现权益受损后，应及时拨打12333劳动保障热线或直接前往辖区人社部门反映；如遭遇求职陷阱或人身安全受到威胁，应立即向公安部门报警。

笔记处

防备招聘骗局

从网上看到的招聘骗局

1.

2.

3.

从亲戚、朋友处听说的招聘骗局

1.

2.

3.

身边朋友亲身经历的招聘骗局

1.

2.

3.

笔记处

总结招聘骗局新的类型

1.

2.

3.

预防受骗的措施

1.

2.

3.

笔记处

单元十　求职技巧

📋 任务一　面试的准备

💬 经典寄语

做事不能犹豫，要有果敢的精神。在我们从业的过程中，即使没有人为你鼓掌，至少还能够勇敢地自我欣赏。当你为自己的坎坷人生不断鼓掌、加油、奋进时，必将迎来别人的掌声与喝彩。所以，走好职业第一步，是美好未来的开始。

💬 故事探微

贝铱铭的求职经历❶

贝铱铭临近毕业时，和班里的大多数同学一样，面临着选择工作的迷茫和压力。在校期间，贝铱铭曾在互联网公司实习过，这段经历，让他对互联网行业有了更深的了解，因此，也将求职的目标聚焦于互联网企业。由于贝铱铭学习不错，获得过国家奖学金。同时在数学建模、"挑战杯"等各类学科竞赛中也取得过优异的成绩。因此，刚开始找工作时，他满怀信心。但是现实似乎并不如想象中乐观。贝铱铭通过校园招聘给多家互联网公司投了简历，但不是石沉大海，就是以面试失败告终。一而再地碰壁，让他倍感压力与沮丧，甚至陷入了自我怀疑与否定，一度认为自己找不到满意的工作了。

笔记处

❶ 贝铱铭，窦瀚洋. 我找到工作啦［N］. 人民日报海外版，2022-6-30.

学校和辅导员老师在此时给予了贝铱铭很大的帮助。贝铱铭所在的杭州师范大学开设有"生涯工作室",由具有丰富就业指导经验的老师对同学们开展咨询和指导。通过和指导老师对面试进行复盘,贝铱铭找到了失败的症结所在:在之前的面试中,作为工科生的贝铱铭总觉得把握好技术类问题就万事大吉了,在回答综合类问题时未能充分展现自己的亮点和优势,导致未能在众多的竞争者中脱颖而出。另外,指导老师也与贝铱铭一起,对当前的就业形势进行了分析,一是相关专业的招聘规模比往年较少。二是来自名校的硕士、博士也加入了求职竞争的行列。通过与指导老师和辅导员的谈心谈话,贝铱铭对于当前的就业形势与自身的亮点优势有了进一步的认识,也认识到,在校期间表现优秀并不能完全等同于职场上的优秀,求职面试过程中有失败也是正常的,没必要沉溺在沮丧的情绪中。面试即使失败,也是很好的锻炼,关键在于总结经验教训,准备得更加充分,表现得更加从容自信,才能获得成功。

如今,贝铱铭已被某家互联网企业录取,在自己喜欢的岗位上努力地工作着。

问题思考

1. 贝铱铭在校期间表现优秀,为什么在求职初期多次碰壁?

2. 贝铱铭在求职中,经历了"乐观—沮丧—自信"的心理变化,并最终获得了理想的工作。他求职成功的关键是什么?

知识殿堂

面试是招聘工作中的重要环节,通过用人单位与求职者相互接

笔记处

触、交流、观察，用人单位能够对求职者的精神面貌、能力素养等方面进行考察，判断求职者是否符合职位所需的要求。求职者也能根据交流情况，做出自己的职业选择。可以说，面试既是一种考核的方式，也是一座信息交流的"桥梁"，连接着市场、用人单位与求职者。

一、面试的功能

（一）考察测评

考察测评是面试最核心的功能。在面试中，用人单位可以通过观察求职者的仪容仪表、举止姿态，形成对求职者的直接印象，也可以通过专业性质的问题，综合考察求职者的专业能力、职业素养等，形成主客观相统一的考察结果。另外，面试具有标准化与灵活性相统一的特征。用人单位既可以按照标准化的流程和预先设计好的问题，根据求职者的现场表现与问答情况，对求职者与职位要求的匹配度形成初步判断，继而与其他求职者的情况进行比较分析，也可以根据面试中获得的信息情况，适时增加、减少问题数量。在面对感兴趣的求职者时，可以改变提问方式，增加面试时长，进一步加深对求职者的了解，更加全面地考察求职者态度、素养与能力。

（二）信息交流

面试是用人单位和求职者进行互动交流最直接的媒介。从求职者角度来看，一方面，求职者可以根据用人单位的提问情况、面试现场的氛围，了解面试官的态度与倾向，结合职位要求，适时调整自己的答题思路、表达方式，进而更好地展现自身的优势与亮点。另一方面，因为面试多在用人单位办公场所进行，面试的考官也多来自用人单位各个部门。求职者可以在面试过程中，近距离了解用人单位的办公环境、工作氛围。用人单位在组织面试时所表现出的组织力、执行力、协调力，也能从侧面反映出该单位的管理水平与运营情况。

从用人单位角度来看，面对面的交流考察，有助于考官从简历、分数这些书面材料得来的"印象"中抽离出来，进一步加强对求职者的了解。简历或许会"美化""包装"，但求职者在面试中的临场反应与表现出的专业素养，往往更接近真实的情况。分数信息虽然反映出求职者的应试能力与认真程度，但不能全面考察职位所需的其他要求，还需要通过面试环节，对求职者进行多方位考察，尽可能全面地

笔记处

掌握求职者的能力信息。

（三）双向选择

面试的最终目的，是帮助用人单位选择录取最符合单位发展与职位要求的求职者，也是帮助求职者选择最适合自己的用人单位。虽然面试的过程具有较强的主观性的特点，评价结果也与面试官的情感倾向、职业经验、专业背景以及求职者的现场发挥具有一定的关联性。但面试仍然是用人单位考察求职者的重要形式，因为面试具有更为全面的考察形式、观察角度、交流方式，不同的面试官虽然可能会作出有差异的评价，但不同评价结果也会交互作用，形成更客观的评价结果，因而具有独特的价值，有助于用人单位作出符合自身需要的用人选择。

面试的准备过程、参与过程、反馈过程，是高职生了解行业发展前景、薪资待遇水平、就业市场需求等信息的有效渠道，是高职生提升视野格局、优化思维方式、提高解决问题能力的有效方式，是高职生磨炼意志品质、加强自我管理的有效形式。通过对面试经验的总结与反思，能够帮助高职生更好定位自身，调整自身，选择最适合自己的职位。

二、面试的内容

面试时会遇到各式各样的面试内容，主要包括以下面试内容。

（一）个人基本情况

对用人单位来说，首先需要了解的是求职者的个人情况。虽然面试官可以通过简历对求职者的学习经历、学业水平等情况有初步的认识，但求职者的品格、经验、修养、素质必须通过面对面的观察才能进行评价。这既是用人单位组织面试的重要因素，也是求职者在准备面试时需要用心准备的内容。在这里需要指出的是，用心准备并不是脱离实际情况的"粉饰""美化"，而是在客观认识自己的基础上，结合职位要求，挖掘自身的优势与特色，并在面试中恰当地展示与展现。

（二）专业知识

了解应试者掌握专业知识的深度和广度，其专业知识更新是否符合所要录用职位的要求。作为对专业知识笔试补充，面试对专业知识

笔记处

的考察更具灵活性和深度，所提问题也更接近空缺岗位对专业知识的需求。

（三）工作实践经验

一般根据查阅应试者的个人简历或求职登记表，进行相关的提问。查询应试者有关背景及过去工作的情况，以补充、证实其所具有的实践经验，通过工作经历与实践经验的了解，还可以考察应试者的责任感、主动性、思维力、口头表达能力及遇事的理智状况等方面内容。

（四）口头表达能力

面试中应试者是否能够将自己的思想、观点、意见或建议顺畅地用语言表达出来。考察的具体内容包括：表达的逻辑性、准确性、感染力、音质、音色、音量、音调等。

（五）综合分析能力

面试中应试者是否能对主考官所提出的问题，通过分析抓住本质，并且说理透彻、分析全面、条理清晰。

（六）反应能力与应变能力

主要看应试者对主考官所提出的问题理解是否准确，回答的迅速性、准确性等。对于突发问题的反应是否机智敏捷、回答恰当。对于意外事件的处理是否得当、妥当等。

（七）人际交往能力

在面试中，通过询问应试者经常参与哪些社团活动，喜欢与哪种类型的人交流，在各种社交场合所扮演的角色，可以了解应试者的人际交往倾向和与人相处的技巧。

（八）自我控制能力与情绪稳定性

自我控制能力对于国家公务员及许多其他类型的工作人员（如企业的管理人员）显得尤为重要。一方面，在遇到上级批评指责、工作有压力或是个人利益受到冲击时，能够克制、容忍、理智地对待，不致因情绪波动而影响工作；另一方面，此类工作需要更强的耐心和韧劲。

（九）工作态度

一是了解应试者对过去学习、工作的态度，二是了解其对报考职位的态度。在过去学习或工作中态度不认真，做什么、做好做坏者无所谓的人，在新的工作岗位也很难能勤勤恳恳、认真负责。

笔记处

（十）上进心、进取心

上进心、进取心强烈的人，一般都确立有事业上的奋斗目标，并为之积极努力。表现在努力把现有工作做好，且不安于现状，工作中常有创新。上进心不强的人，一般都安于现状，无所事事，不求有功，但求无过，对什么事都不热心。

（十一）求职动机

了解应试者为何希望来本单位工作，对哪类工作最感兴趣，在工作中追求什么，判断本单位所能提供的职位或工作条件等能否满足其工作要求和期望。

（十二）业余兴趣与爱好

应试者休闲时爱从事哪些运动，喜欢阅读哪些书籍，喜欢什么样的电视节目，有什么样的嗜好等，了解一个人的兴趣与爱好，对录用后的工作安排常有好处。

此外，面试时主考官还会向应试者问有关工薪、五险一金等应试者关心的各类福利问题，以及回答应试者可能问到的一些其他问题。

三、面试注意事项

（一）仪容仪表

面试中最不容忽视的一点就是仪容仪表了。面试时的形象，是给面试官留下第一印象的重要一步。

（二）肢体语言

在面试中，求职者的肢体语言非常重要。求职者是否自信，取决于是否眼神坚决、步伐坚定。求职者对这个职位是否感兴趣，不需要看他怎么说，只需要看他谈论时的神情、动作。有人事经理说："面试其实从面试者一进门，我们看到他的第一眼就已经开始了。"留心自己的身体语言，尽量表现得有活力，对面试官全神贯注，用眼神交流，在无声的交流中，会展现出对对方的兴趣。

（三）语言表达

语言表达也是非常重要的。求职者回答面试官的问题应切中肯綮，不要顾左右而言他。如果求职者的陈述过于烦琐或过于简单，在面试中，容易让面试官失去兴趣，最后得到不如意的结果。面试的时候，应该多与面试官进行眼神交流，注意观察。如果面试官表现出对

笔记处

你的话题不感兴趣（如开始看向其他地方），应及时调整话题内容或结束话题。

（四）了解职位需求

职业需求方面的话题在面试时必不可少，如果一无所知，是难以令面试官满意的。在参加面试前，求职者要对面试的公司做足"功课"，可以通过公司官网或者别的权威网站对其有所了解。求职者不仅要对面试的公司要有所了解，还需要了解公司想要招聘什么样的人。"面试时不要过多重复简历上的内容，因为我们在面试前已经看过你的简历了。"资深人事经理如是说。大多数面试官都比较关心的三个问题是：你是不是具备这份工作所必须的技能？做好这份工作你是不是具备必要的思维方式和职业动机？你是不是与所面试的单位有吻合的企业文化？因此面试前必须先要问问自己这三个问题。

以上几点注意事项实际上只是概而言之，主要从求职者和面试官双方来考虑，当然具体的细节还有很多。

思政拓展

模拟面试

模拟面试能够把课堂上所学知识运用于实践，也能够验证自己在文化知识、专业技能和职业品德的水平。请根据自己的求职意向，参加一次模拟面试。

自己的模拟求职意向

1.

2.

3.

笔记处

开场白

1. _____

_____

_____

2. _____

_____

_____

3. _____

_____

_____

初试

1. _____

_____

_____

2. _____

_____

_____

3. _____

_____

_____

笔记处

复试及综合测评

1.

2.

3.

录用和反馈

1.

2.

3.

笔记处

当你认真地写出上面每一项之后，你会发现一场完整面试工作悄然完成。对面试的过程认真总结，为自己毕业后求职顺利打下坚实的基础。

任务二　面试的礼仪技巧

经典寄语

　　职业生涯规划得再好，就业准备得再充分，在求职过程时也不能疏忽大意。因为面试也是重要环节。注意面试中的礼仪要求，掌握面试中的就业技巧，也能帮助自己顺利实现就业，也是实现职业人士发展的催化剂。

故事探微

他带动7名同学一起就业[1]

　　"半个多月的坚持，不仅让自己成功就业，还给学校的另外7名同学带来了工作机会，这是我始料未及的。"近日，拿到企业录用通知的天津铁道职业技术学院应届毕业生侯国涛高兴地说。

　　侯国涛是天津铁道职业技术学院城轨运营专业学生，6月初，侯国涛在招聘网站上发现了淮河能源集团的招聘信息。经了解得知，这家企业是安徽省重点企业、全国500强，文化底蕴深厚，与自己所学专业对口，所处省份也与他的苏北家乡不远。侯国涛立刻向企业投递了简历，但等了三天没有回音，他决定主动出击。

　　经过多次辗转尝试，侯国涛终于与集团人事部门取得了联系。通话过程中，侯国涛被告知该集团并没有在天津的招聘计划，但他并不气馁，从容而热忱地作了30分钟的自我推销和学校介绍，最终说服了人事部部长接收他的简历。几天后，侯国涛接到通知，集团对他的简历很感兴趣，通知他到企业面试。

---

❶ 陈欣然. 他带动7名同学一起就业——天津铁道职业技术学院学生侯国涛的就业故事［EB/OL］. 中国教育新闻网，2020-7-9.

笔记处

此前，侯国涛已添加了集团人事部部长的微信，在积极沟通的过程中他产生了一个想法：企业有招聘需求，我周边的同学也有未就业的，既然如此，何不实现双赢呢？抱着这个想法，他与企业进行了充分的交流。6月中旬，企业给了回复：我们将带着诚意来天津进行招聘，不知学校是否能够提供这个招聘的平台。侯国涛把这一情况上报给了他所在的二级学院，学院领导迅速联系企业进行配合与沟通。

6月18日，淮河能源集团来到天津铁道职业技术学院进行校园招聘，20名学生参加了面试，最终录取了包括侯国涛在内的8名毕业生，涉及铁道机车、城轨工程、通信技术、城轨运营4个专业，全部为国企正式职工。

"学校和老师为我们提供了很多就业信息，我们自己更要加倍努力。很多时候，主动和坚持就是胜利，未来掌握在自己手中。"侯国涛的热忱和恒心为他自己和同学们争取到了珍贵的工作机会。

问题思考

1.侯国涛带动7名同学一起就业，给你带来了什么启示？

2.参加面试时需要注意什么？

知识殿堂

"博学于文，约之于礼"，求职路上，除了要有扎实的专业功底，还应掌握相应的礼仪规范。对于绝大多数求职者来说，找到一份心仪的工作，无疑会给个人职业生涯增添不少光辉。成功的人，都是有所准备的人，所谓的捷径，只是准备得更充分。

笔记处

一、面试礼仪的作用

（一）有助于塑造得体的个人形象

心理学中有一个"55387"定律，即一个人的印象，55%是由其外在的着装、仪容等决定的，38%是由肢体语言、讲话语气等决定的，7%是由谈话的内容决定的。可以看出，在面试中，大方的仪容、礼貌的措辞、优雅的举止是求职者脱颖而出，引起面试官关注的重要因素。掌握并恰当地应用职场礼仪，有助于建立、完善和维护良好的职业形象，从而为求职成功增添保障。

（二）有助于形成和谐的面试氛围

"礼者，敬人也"。礼仪是人际交往中约定俗成的示人以尊重、友好的习惯与做法。面试的核心就是交流与沟通。在礼仪的规范下，求职者可以更好地体现出对面试官的尊重，把握好与面试官的沟通尺度，从而形成轻松、愉悦、和谐的交流氛围，继而加深彼此的了解。反之，如果缺乏相应的礼仪规范，则易产生手足无措、举止生硬、行为失当等情况，对面试效果会产生不必要的负面影响。

（三）有助于保持自信的心理状态

紧张是每一个求职者在面试时的共同心态。即使准备充分，在面试现场，仍会产生相应的紧张情绪。礼仪是一种积极的自我暗示，规范的着装、平缓的语调、昂首挺胸的姿态，都能使求职者逐渐平复紧张的心情，自觉纠正不自信的细节表现，从容应对面试中的各个环节。

二、面试礼仪的技巧

荀子说："人无礼则不生，事无礼则不成，国家无礼则不宁。" ❶ 礼仪是人类生活的润滑剂，也是彼此和平相处的共同语言。在择业应试中学会运用公共礼仪，表现个人的修养素质，常会受人喜爱。在现代求职应试过程中，要掌握礼仪，学会运用礼仪技巧博得对方的青睐。

---

❶ 荀子. 荀子［M］. 安小兰，译注. 北京：中华书局，2007：20.

笔记处

（一）面试前的礼仪

首先，服饰要得体。服饰打扮总是有意无意地影响着招聘者对应聘者的感觉，服饰要整洁、大方，以保守、庄重为好，不要追求时髦，乱穿乱戴，要与所谋求的职位相称，要适应招聘者的身份和爱好等，要体现出求职者对所求职业的重视和对主试者的尊重。

其次，赴约要准时。一般单位面试的时间都是计划好的，过早到达可能会影响用人单位组织者的工作计划，使对方不知所措或得不到适当的接洽。求职者必须提前十分钟左右到达面试地点，以表示诚意，给对方信任感，但要记住，最好不要提早半个小时以上进入考场。迟到同样是不礼貌的行为，会给对方带来不必要的麻烦。

最后，进入应试场所后，必须从容不迫、落落大方，不可东张西望、举止不雅。要耐心等候，不要到处走动，不要擅自到考场外观望，更不可显示出急不可耐的样子。

（二）面试中的礼仪

在求职面试时，礼仪是毕业生呈给招聘单位的"名片"，是一个人修养、道德的外在表现。因此，毕业生应把握面试中的基本礼仪，给对方留下良好的第一印象。

（1）当叫到名字时，应先轻轻敲门，等到室内传来回应声才能进入，切忌冒失入内，进入面试后要等对方说请坐之后自己才能就座，并说声谢谢，然后向面试人轻轻点头致意，等候面试开始。

（2）面试坐姿要端正，脚踏在本人座位下。不可任意伸直，切忌跷二郎腿并不停抖动，两臂不要交叉在胸前，更不能把手放在邻座椅背上，不要给人一种轻浮傲慢、有失庄重的印象。

（3）面试态度要热忱。面试时要热忱，面带笑容，有问必答，切忌板起面孔，爱理不理。调查显示，90%的面试成功者都有热忱的态度。

（4）眼睛是心灵的窗户，面试时最好把目光集中在面试者的额头上，眼神自然传达出对别人的诚意和尊重。切忌东张西望，给人一种三心二意的印象，更不能在面试者身上扫视，上下打量，以免显得无礼。

（5）面试时将对方和自己的发言比例定为6∶4，切忌把面试当作唱独角戏的场所，更不能打断主持人的提问，以免给人急躁、随意、鲁莽的坏印象。

笔记处

（6）交谈时要姿态端正，自然放松，切忌做捂嘴、歪脖子、抠鼻孔、掏耳朵之类的小动作，以免引起考官的反感。

（7）参加面试要善于察言观色，见机行事，要寻找周围环境中有什么地方需要你做些什么，这虽然是一件不起眼的小事，但有时会成为面试成功的契机。

（三）面试后的礼仪

面试结束时，求职者应一边徐徐站立，一边眼神正视对方，礼貌地向对方的聆听表示感谢并道别。然后欠身行礼，轻轻把门关上，退出面试场所。特别提醒的是，告别说话，要说得真诚，发自内心，不要让面试者产生反感。

求职者不要过早询问面试结果。求职者要在三至五天甚至更长的时间内耐心等候消息，切勿到处打听，急于求成往往适得其反，也使人生厌。同时，面试结束后，还应做好两手准备，参加面试往往是自己被招聘单位挑选的时候，录用或淘汰都要有思想准备。面试失败有时在所难免，应重整旗鼓，再试牛刀。

思政拓展

面试礼仪技巧大比拼

根据所学内容和自己的认识，除了教材中所出现的面试礼仪技巧，你所知道的面试礼仪技巧还有哪些？

我所知道的面试礼仪：

我认为面试前应注意的礼仪技巧：

我认为面试中应注意的礼仪技巧：

我认为面试后应注意的礼仪技巧：

笔记处

任务三 笔试类型与技巧

经典寄语

　　成功就业是从一次又一次的考试开始的。考试既是选拔人才的最佳方式，也是验证一个人综合素质的绝佳途径。因此，掌握各类考试的类型以及技巧，尤其是笔试的类型和技巧，对于一个人的成功将起到事半功倍的效果。

故事探微

公务员考试之路[1]

　　问题1：请问您刚开始的时候是怎么选择考公的岗位的呢？

　　首先是找到近三年的招考公告和职位表，看有哪些城市哪些岗位可以报。找到适合自己的岗位，看历年进入面试所需的笔试分数和面试分数以及分数波动。其次是认清自己的水平，充分了解自己的优势和劣势。选对了报考职位，公考就成功了一半。

　　问题2：可以跟我们谈谈您的备考过程，以及在这过程中遇到什么样的困难吗？

　　第一次备考时缺乏经验，很遗憾没能上岸。第二次备考有了一定的经验，购买了某系统班，1月看学习视频，2—3月刷大量的题，我行测大概刷了差不多1万道题，最后成功逆袭上岸。我从2020年9月到2021年4月从来没有停下学习的脚步，遇到的困难是备考过程中信念不坚定，一定程度上会降低动力。所以大家一定要坚定信念，要有破釜沉舟的勇气和毅力，相信自己一定能上岸。

笔记处

[1] 公管青年说：考公篇——千里之行，始于足下［EB/OL］．广东金融学院公共管理学院，2021-6-22.

问题3：您觉得您所学的专业在考公方面有优势吗？

有一定的优势，目前心理学专业毕业生考公的倾向很小，而每年的监狱、公安等都会有一定数量的岗位是我们能考的。加上近年来由于心理问题导致的恶性事件数量上升，政府也有意识增加相关岗位，我相信这也是未来的趋势，所以心理学专业的同学不妨考虑一下公务员。

问题4：公务员这个行业对本科生哪些能力比较看重？本科期间我们应该注重培养哪些能力，以适应公务员的需要？

讲政治、跟党走、热爱祖国。行测本质上考察的是学习能力、阅读能力、统筹能力。申论主要考察的是综合分析能力、提出问题解决问题能力、文字表达能力和对社会基本的认知能力。而这两科考察的内容对于日后不管进行哪项工作、进入哪个行业都有很大的帮助，有一个词叫政府思维，就是站在政府的角度想问题、看事情。

我们大学生可以通过"学习强国App"去增加视野，通过《半月谈》《求是》这些杂志去提高政治敏锐度，通过人民日报、新闻联播等平台的公众号加强素材积累，进一步充实我们的理论储备。

问题5：您在大学期间有没有加入什么学生组织，您在学生组织有什么难忘的经历？同时，在学生组织里面收获到什么或者增长了什么能力，对您考公有什么正面的影响？

我在大学期间加入了学院的团总支，认识了很多志同道合的好朋友，和团总支这个大家庭共事的每一次活动都非常难忘。我也是学院的学生助理，在组织的关心和帮助下加入了中国共产党，如果说收获的话那就是提高了我方方面面的能力，更加坚定我成为一名人民公仆，全心全意为人民服务的决心。

问题6：最后，您对想要考公的师弟师妹有什么建议吗？

我想告诉大家的是：我尽力追梦然后得到机会，后来者们也请继续努力！在完成并不熟悉的事情时我们时常害怕会失败。其实，我们不必太过关注最后胜利与否，与其缩手缩脚，不如大胆向前，先给自己制定一些小目标，每实现一个你就会离最终的目标更近一步！

问题思考

1. 在完成并不熟悉的事情时，你会害怕失败吗？
2. 笔试的技巧有哪些？

知识殿堂

笔试是招聘单位事先拟好一系列题目（试卷），让求职者书面作答，通过客观、公正的评分，以考察求职者知识能力水平的一种测试方法。笔试主要适用于应试人数较多，需要考核的知识面较广或需要重点考核文字能力的情况，大型企业、单位大批量招聘，以及国家录用公务员，往往采用这种考核形式。

一、笔试的类型

（一）专业知识考试

专业知识考试主要考察求职者能否达到职位所需的专业知识水平。如学校的招聘工作中，笔试内容多为教育学或者拟招录专业相关的知识。医院招聘的笔试侧重医学知识的内容。另外，一些行业需要通过笔试取得相关的资格，如教师资格证考试、法律职业资格考试、会计从业资格考试等。这些考试对于专业知识的考察标准更为严格。

（二）专业技能测试

专业技能测试与职位要求的贴合度更为紧密，一般直接按照该职位的核心工作内容设计测试内容。如工程技术类职位，会重点测试求职者的工程项目经验，对工程建设流程的熟悉程度等。如设计类职位

笔记处

会考察制图、绘图技能以及创意创新能力。

（三）写作类笔试

写作类笔试有助于用人单位深入考察求职者的分析、归纳、比较、综合等能力。《申论》考试是典型的写作类笔试。目前，公务员招录工作中，加试公文写作的单位数量有所增长。

（四）心理测试

心理测试需要求职者需在规定时间填写标准化量表或问卷。用人单位会根据填写的情况判断其心理状态与水平，了解其性格特点。也可了解求职者的态度、兴趣、动机、智力、个性等心理素质。

（五）命题写作

这种考试的目的在于考察文字表达能力以及逻辑思维能力。如限时写出一份会议通知，对某项工作情况的总结，限时设计一份作品等。

二、笔试的技巧

（一）了解考试内容

用人单位在组织笔试时，会有不同的考察重点，需要根据具体情况，预先了解笔试考察的方向与内容。如公务员考试，一般为《行政职业能力测验》和《申论》。《行政职业能力测验》主要分为五大模块，分别是言语理解与表达、数量关系、判断推理、常识判断和资料分析。《申论》主要根据给定材料归纳概括、综合分析、提出对策和贯彻执行。事业单位考试笔试主要是《职业能力测验》和《公共基础知识》，《职业能力测验》考察方向和公务员考试中的《行政职业能力测验》基本相同，而《公共基础知识》考察内容包括政治、经济、法律、管理、人文、科技等内容。企业招聘笔试则会侧重于对应聘者专业知识、智商、心理以及综合分析解决问题能力的测试。

（二）针对性备考

在充分了解笔试的考察重点与内容之后，就需要进行有针对性的学习。可以将学习的内容进行量化，根据自身情况制订详细的学习计划。例如，公务员行测考试中的言语理解，要多做例题，分析它的考察点，寻找其中的规律。数量关系则需要总结不同的题型的计算技巧、公式，记忆并进行大量训练。常识是需要依靠平时大量的积累，

笔记处

没有捷径。我们做好笔试知识储备的方法，一是刷题，实践是检验真理的唯一标准，只有多练习，才能够了解我们是否掌握了知识点，还有哪些知识漏洞，同时能够提高我们的理解、思考和解答能力，提高笔试的状态。二是理解记忆，时常复习。很多专业的知识是抽象的，需要理解记忆，同时需要时常回忆、复习，才能够充分掌握相关的专业知识。三是大量阅读书籍、杂志报刊，将学习生活化、随时化。知识的积累在于平时，随着互联网的发展，新闻和各种信息都可以利用手机随时随地查看，这也有助于知识的平时积累。

（三）保持心态稳定

首先，保持心态稳定要正视负面情绪。面对考试，难免会有紧张、彷徨、焦虑的情绪，心理学研究表明，紧张、焦虑并不完全是一种坏情绪，适度的紧张有助于提升学习效率。只有过度的负面情绪，才会干扰记忆和思维，影响学习效率。其次，淡化负面情绪。产生负面情绪的根源，主要在于内心的患得患失。考试必然面临着竞争，竞争就意味着结果的不确定。与其为无法预知的结果担心，不如以"狭路相逢勇者胜"的姿态面对即将到来的笔试。最后，保证有序的生活。通过规律的作息、适度的运动、充足的睡眠，增强自己对抗焦虑和压力的能力。

（四）把握答题节奏

一是要舍得投入时间审题。认真审题是保持正确率的关键，找准题干中的关键信息，把握试题的核心要义。有的同学为追求做题速度，一直"匆匆忙忙"，不仔细审题，虽然看起来做题速度快一些，但因审题不够细致，曲解了试题的意思，选择了错误的答案，影响了正确率。二是"不在意一城一池的得失"。在考试中，会遇到一些暂时解不开的难题，这时应遵循"先易后难"的原则，迅速解答较为容易的题目。待其他题目答完后，再来解答难题。三是合理规划答题时间。拿到试卷后，应对试卷的题型、题目数量等总体情况做到"心中有数"，规划好每一类型题目的答题时间。

（五）卷面书写规范

一方面字迹要清楚，字迹大小统一，排列整齐，符合书写规范。这就需要学生在平时养成良好的书写习惯，自觉按照书写规范进行书写。另一方面避免涂涂改改。出现这一情况，主要是因为审题不严、知识掌握不牢等原因。可在备考时加强对相关知识的学习，熟练掌握

笔记处

知识内容。练习时着重提升自己的审题能力，力争一次做对，减少涂改痕迹。

思政拓展

考试种类知多少

在求职过程和今后人生发展中，高职生会遇到各类招聘考试和学历考试。如何通过应聘考试，在应聘考试中脱颖而出？如何通过学历考试，使自己的学历更上一层楼？解决这两个问题，首先要了解考试种类，掌握考试技巧。现在，动起你的双手，开动你的大脑，查一查考试种类有哪些？应采取什么样的考试技巧？

我所知道的招聘考试：

我所知道的学历考试：

我具有的考试技巧有：

我应该参加的招聘考试：

今后我的学历提升计划：

笔记处

职业生涯规划与发展指南

03

模块三

创业篇

单元十一　创新创业概述

任务一　创业的内涵与方式

经典寄语

党的二十大报告指出："完善促进创业带动就业的保障制度，支持和规范发展新就业形态。"[1] 国家正大力采取有力措施，完善创业模式和创业机制，促进创业，以此带动就业。广大青年学子可以在政策指引下，拓展思路，敢于创业，实现成功。

故事探微

新农人·兴乡村——大学生张志远返乡"花式"创业[2]

粉嫩嫩、肉嘟嘟，这就是多肉，在北上广是都市白领竞相追捧的桌面萌宠，在河北石家庄市鹿泉区，"一棚多肉满地金"成了张志远返乡创业的致富法宝。

"我们这个拼盆叫蓝孔雀，里面有十几个品种，售价在100多块钱。"村里的年味儿还没散去，张志远就跑到花棚里忙碌起来，随手端起一个花盆，向记者展示着自己设计的多肉盆景。

1989年出生，刚满34岁的张志远，手掌宽厚略显粗糙，脸上晒出了小麦色，从他身上看不到年轻人的精致，只有淡

---

❶ 本书编写组. 党的二十大报告学习辅导百问［M］. 北京：党建读物出版社、学习出版社，2022：36.

❷ 万前进，李皓. 新农人·兴乡村：大学生张志远返乡"花式"创业［EB/OL］. 学习强国（河北学习平台），2023-2-14.

笔记处

淡的几分乡土味儿。可一聊起自己的创业经历，他那厚厚的嘴唇却迸发出极大的活力，干脆利落的话语，不由得让人感慨：大学生就是不一样！

2014年，张志远从河北经贸大学毕业，在石家庄一家矿泉水企业做起了销售。那时多肉刚从韩国引进，迅速在一线城市蹿红。一些稀有品种，甚至涨到了上千元一株的高价。

因为工作时间自由，张志远开始跟着做微商的朋友，在网上帮人代购多肉。"一颗多肉根据品种不同，代购费是5毛到一块钱。"本来是打算赚点零花钱，可一种叫"广寒宫"的多肉突然爆火，让张志远的手机被两千多个订单"轰炸"了整整一夜。

张志远非常兴奋："我是学市场营销专业的，所有的创业都要先解决销售的问题。"多肉市场的供不应求，让他看到了一个机会：自己种，自己卖多肉。

很快，张志远就辞职去了山东青州——当时北方最大的多肉集散地，给当地一百多家花农做起了销售。每天带着全国各地的客商挨家挨户选品下单的同时，他还在当地租下一个花棚，根据客商的喜好种起了多肉。

"每次去农户的花棚里，他们问我哪种多肉卖得好，我就问他们这个多肉怎么种？就这样用市场信息换种植技术，一家学一点。"一年多的时间，张志远不仅积累了全国各地的客户资源，还把多肉的种植技术吃透了。

2016年，张志远回到鹿泉老家，投资二十万元建起了自己的两个多肉大棚。回家创业降低了成本，为了抢占高端市场，张志远开始大着胆子从韩国进货，只要淘到一株稀缺品种，他就可以用一片叶子，培育出一大批种苗，卖成市场上的抢手货。

经过几年的发展，张志远已经建起了5个花棚，种植了产自世界各地的70多个品种、200多万株多肉，每年往山东、江苏、云南等各地发货100多万株，不仅自己挣了钱，每年他还会雇十几名当地村民来花棚打工，村里的一些年轻人也有了种多肉创业的打算。

同行的竞争不只来自村里，近年来，大规模的多肉种植基地在全国越来越多，多肉的价格也一路走低，原来几十元一颗的品种，现在降到了几块钱。

面对市场的变化，张志远开始琢磨着转型，增加普通多肉的附加值。"像这种小苗子，一棚能种50万株，就跟农民种小麦一样。现在我们把十几种搭配在一起，增加设计感，就把小麦变成了盆景，这就是市场观念的转变。"

问题思考

1. 张志远的创业经历给你什么启发？
2. 创业是什么？创业的类型、要素、模式有哪些？

知识殿堂

一、创业的内涵及特征

（一）创业的内涵

广义的创业是指人类的创举活动，或指带有开拓、创新的社会活动。我国学者徐小洲在对大学生调查研究后发现，大学生对创业的理解趋向一个宽泛的认识，大部分学生不再把创业仅仅看作是创办公司，而是认为只要在自己的领域做出辉煌的成绩，能够开创一份事业就是创业。

狭义的创业通常特指个人或团队自主创办企业、实业的实体。有人认为，创业是指某个人发现某种信息、资源、机会或掌握的技术，是以一定的方式，转化创造更多的财富、价值并实现某种追求或目标的过程。

笔记处

综合对创业概念的论述，创业的本质可以被提炼为一种思维方式和行为模式，其核心要素在于创新，创业是一个发现和捕捉商业机会并由此创造价值的过程。

（二）创业的特征

1.创新性

创新性包含两层含义。

（1）具有创造性，即能构思新的意境和设计新的方法。任何一个好的想法最后能成为计划，都是通过周密思考和详尽调研来实现的。

（2）具有前瞻性，即依据目前状况对事物的发展方向有准确的预判，这需要创业者对社会环境和资源有相当敏锐的洞察力和机遇意识。

2.自愿性

创业的自愿性体现的是创业者的自主行为。创业作为创业者意愿的体现，是创业者选择的一种自我价值的实现方式；为了能实现自主管理的目标，创业者需要依靠自身力量开创一项属于自己的事业。对创业者而言，一旦选择了创业就选择了激情、艰辛、挫折、忧虑和徘徊等，并愿意为之付出坚持不懈的努力。他们在实现自我价值的过程中，在渐进的成功中体会创业的艰辛，享受无穷的欢乐，分享成功的喜悦，也有可能面对许多未知的风险。

3.风险性

创业的风险将伴随整个创业过程。创业风险主要有人力资源风险、市场风险、财务风险、技术风险、外部环境风险、合同风险、精神风险等。这些都是由创业环境的复杂性、创业机会的不确定性、创业团队及个人能力的局限性等方面引起的。因此无论付出多少努力，花费多少时间、精力、财力、物力，所面对的前景以及所获得的回报都是难以预料的。一位知名人士曾说过，创业前，很多困难我们都不会把它们当成困难，当它们突然成为我们的困难时，很多人会承受不了压力，就放弃了，这样的人一定不会成功。据不完全统计，初创企业的失败率超过70%。创业者应具备超人的胆识，甘冒风险、勇于承担。当然，如果因害怕失败而不去创业，就永远做不了成功的创业者。

4.功利性

一般情况下，创业的目的就是盈利。当然完全带着功利心去创业

笔记处

是一个非常痛苦的过程，但不可否认，创业是一项具有功利性的活动。每个创业者选择创业，其最为重要的目的之一就是创造财富、积累财富、实现自我价值。

二、创业的方式

（一）网络型创业

网络创业具有传统创业不可能具有的优势。它不但可以利用现成的网络资源，而且相对来说门槛低、成本低、风险小、方式灵活，特别适合初涉商海的创业者。像京东、阿里巴巴等知名商务网站，均具有较完善的交易系统、交易规则、支付方式和成熟的客户群。网络创业是比较适合职业院校学生创业的形式。同时"互联网＋现代农业""互联网＋制造业""互联网＋信息技术服务""互联网＋文化创意服务"，利用"互联网＋专业"这种创业模式可以给自己的创业方向提供很多思路。

（二）加盟型创业

加盟创业也很普遍，即采用加盟的方式进行创业，一般的方式是加盟开店。典型代表如麦当劳、成都小吃、连锁火锅店、奶茶店等。加盟创业的最大特点是利益共享、风险共担。创业者支付一定的加盟费，与连锁总部形成契约关系，就能借用加盟商的金字招牌，得到人员培训、组织机构、经营管理、商品采购等专业指导和配套服务。创业风险有所降低，所以对于职业院校学生来讲，这也是一种比较合适的创业选择。同时需要注意的是，目前社会上加盟创业的项目与资讯较多，这需要创业者在选择加盟创业项目的时候注意辨识，做好考察工作，选择合适、可靠的品牌，保障加盟店稳步发展、持续盈利。

（三）寄生型创业

寄生型创业模式也称"借鸡下蛋式"创业模式，这种模式很普遍，其形式为在别人已经开张的公司或店铺中插入自己的创业项目。例如，在超市里开一个维修手机的柜台，在学校附近经营休闲食品的店铺中开一个复印店等。这种模式的好处是二者互为补充，可多方面吸引顾客，充分利用门面空间，相对降低门面租金，不需要另外开拓消费群体，减少投资风险。

笔记处

思政拓展

搜索有关创业与就业的信息和观点，结合本章关于创业的分析，深入理解创业与就业的差异、创业的内涵与特点。

创业与就业的信息：

创业与就业的观点：

创业与就业的差异：

创业的内涵：

创业的特点：

笔记处

以团队合作的形式，分别走访你身边的小微企业，然后进行讨论，分析这些企业有何差异，哪一家的服务质量好以及好在哪里，哪类企业的盈利空间大及其原因。

团队人员构成：

走访的企业名称1：

走访的企业名称2：

走访的企业名称3：

走访企业后的讨论：

企业有无差异：

企业服务质量对比：

企业服务质量差异的产生原因：

企业盈利空间对比：

企业盈利大的原因：

笔记处

任务二　创业的意义与价值

经典寄语

无论从社会还是个人角度来看，大学毕业生创业具有十分重要的意义。这个世界不仅在乎你的自尊，更在乎你做出的成绩，无疑创业是最能体现这种成绩的，所以投入实践中去，享受创业带来的收获吧！

故事探微

"汉服达人"的文化复兴梦[1]

"有结婚20周年的夫妇来拍结婚纪念照，有年龄加一起超过80岁的闺蜜来拍写真，还有毕业前的大学生专门来庆祝。"在十步汉飏汉服体验馆里，"90后"汉服造型师韩爽每天都要给来体验汉服的人设计造型。

从事汉服造型师之前，韩爽曾是一名西班牙语翻译和国家认证金融理财师，还是微博等平台的旅行博主。"在旅游中，我看到许多游客都把和服体验当作去日本旅行的固定打卡项目。在韩国，穿传统服装游览一些景点甚至可以免门票。"热爱汉服和传统文化的韩爽由此萌生了创业的想法，并创立了十步汉飏汉服体验馆。

作为一名新生代创业者，韩爽希望通过互联网传播，让汉服与世界产生更多联系，让更多年轻人加入传播汉服文化的潮流中来。

创业的艰辛超出韩爽的想象。从创业想法萌芽、制订方案、寻找合伙人、选址、拿着方案找了不下100个投资人谈融资，到店面成功试营业，韩爽都一手操办。

笔记处　　[1] 李慧. 两位年轻人的互联网创业故事 [N]. 光明日报，2020-9-25.

"不少人以为汉服仅仅指汉代服饰，实际上汉服是汉民族的传统服饰，从黄帝时期至明末共有4000多年的历史。"为更好地复兴汉服文化，韩爽紧跟当下热点潮流，仿照流行影视作品《长安十二时辰》《花木兰》等进行造型，用现代的时尚感，演绎不一样的传统文化。

　　如今，十步汉颐品牌已小有名气，在线上了解产品、预约体验的消费者稳步增长，全国首家汉服室内实景体验自拍馆也应运而生。其背后，汉服体验和消费日益成为潮流。某电商平台统计数据显示，目前汉服体验消费者以"95后"居多，占比超过3成，新生消费力量"00后"占比达13%。汉服体验消费者中也不乏"60后"们的身影。

　　"活在过去的是文物，走上街头的才潮酷。"韩爽说，自己做汉服体验店的目的不是让人们回到过去，而是让汉服来到现代人的生活当中。在传播汉服文化的路上，韩爽乐在其中，并决定在汉服造型师的新职业之路上继续探索。

问题思考

1. 创业与就业之间存在有什么关系呢？
2. 劳动者对创业的需求是什么？

知识殿堂

　　创业是促进社会协调和可持续发展的社会实践，是紧跟新时代发展的必然要求，对经济社会的发展起着巨大的推动作用。通过自主创业带动就业，成为高职生就业最积极、最有效的手段之一，体现了重要的意义和价值。

笔记处

一、增加社会财富，促进经济发展和社会繁荣

创业过程是增加社会财富的过程，企业在生产经营的过程中，为社会创造了财富，增加了社会价值，并增加了国家的财政税收。创业的产品和服务拉动了国内市场需求，满足了人民生活的需要，丰富了市场，促进了社会经济的繁荣。创业还改变了传统的产业模式，催生了很多新的行业，加速了经济结构的转型升级。新创企业的加入和成功，会使行业竞争加剧，造成优胜劣汰的局面。而竞争的加剧，有利于经营良好的企业脱颖而出，从而有利于使有限的社会资源得到合理配置，市场体系得以不断完善，市场竞争活力得以继续和增强。

二、实现先进技术转化，促进生产力提高和科技创新

提高企业竞争力的关键之一就是技术创新，而创业往往伴随着创新。创业是新理论、新技术、新知识的孵化器，也是新理论、新技术、新知识构成实际生产力的转化器。企业的内创活动是获得并强化创新能力和核心竞争力的重要途径。正是有了这些方面的创新，对于社会生产力的提高，增加社会财富，推动社会不断向更高阶段发展，提供了永不停歇的动力。反之亦然，社会生产力越是发展和提高，也越能实现先进技术的创新，从而实现良性循环和发展。

三、激发创新意识和创业精神，利于学生就业观念转变

许多毕业生希望留在大城市、大单位就业，希望工作单位好、工作收入高、福利好、环境佳，但这样的工作岗位数量有限，因而竞争十分激烈。增强进入社会之前的必要技能、培养积极的人生态度，有助于大学生确立正确的人生目标，有利于大学生自身综合素质的提高，有利于大学生的创新精神和敢于开拓的创业精神的培养。而大学生选择创业也是转变就业观念、适应市场变化的一种表现。

笔记处

四、丰富应对问题经验，实现自我价值认定

对创业者来说，创业能施展自己的专长和才能，可以帮助其累积更多的财富，在一定程度上满足其对物质的追求欲望，使其能够有机会和实力回馈社会，获得很高的成就感，使自己能够从事自己喜欢的事业并从中获得乐趣，能够从挑战和风险中得到别样的享受。即便创业失败，也是一次完美的学习经历，创业所带来的有益经验，会使创业者学会更好地应对失败和挑战，变得更加成熟。很多创业失败的年轻人，后来又到企业工作，依托公司的各种平台、资源，往往能把工作做得更加出色。

五、提供更多就业需求的岗位，缓解社会就业压力

随着高等职业教育的不断扩招和发展，大学生的就业压力增加，就业形势严峻。中国经济增长方式和产业结构的转变与调整，使工作岗位的科技含量不断增加，对劳动力的需求相对减少，从而使经济增长速度与能吸纳的劳动力数量出现越来越大的差距。在这样一个宏观经济背景下，经济增长不再成为扩大就业和解决就业问题的主要途径，尤其是在中国进行了产业结构和经济增长方式转变的情况下，自主创新作为产业增长要素受到高度重视。而大学生则更应该在观念上自我革新，努力自主创业，进一步带动就业，实现我国经济增长与扩大就业的良性循环机制。创业不仅解决了创业者本身的就业，也为需要工作的人提供了就业岗位，扩大了就业范围，降低了失业率或待业率，大大缓解了社会的就业压力，从而稳定了社会秩序。

💬 思政拓展

做一个调查，了解你所在学校的毕业生就业率是多少，其中有多少人是自主创业的呢？并考察自主创业的区域。

笔记处

学校总就业率：

学校分专业就业率：

自主创业者人数：

自主创业者区域：

认真填写表3-1，并且保存起来，到既定日期对比一下，为了实现这个目标，应该多联系什么样的人，一定要明确，越详细越好。

表3-1　人生规划设计表

姓名：_____　　　　　　　　　　　日期：_____

时间目标	本周达到	本月达到	今年达到	明年达到	五年后达到
生活目标					
家庭目标					
教育目标					
经济目标					
个人发展					

任务三　创新创业

经典寄语

笔记处

创新的作用巨大，大而言之，是国家、民族发展的重要力量，不断推动人类社会的进步。小而言之，是个人生存、进步、发展必备的根本力量。作为新时代的大学生，要在从事职业的过程中不断求取创新，要在识变、应变、求变的过程中，抓住发展机遇，把握战略主动，不断把个人的创新融入国家、民族的创新中，为中华民族伟大复兴贡献自己的力量。

故事探微

"流量小生"的乡村致富经❶

土鸡蛋、客家米酒、腐竹……近日，一场助农扶贫直播活动在江西定南县岭北镇圩镇举行。"一个圩镇过往的人流量不过数百人，但直播平台一上线，很快就吸引了4000多买家，'土产品'瞬间成了'走俏货'。"直播平台负责人李良华说。

"85后"李良华是定南县鸡卿寨生态蛋鸡专业合作社理事长和"季实庄园"品牌创始人。从一个创业"愣头青"到如今的电商创业领头羊、全国农村致富带头人、全国乡村振兴青年先锋，他用11年时间成为当地农产品互联网销售的"流量小生"。

关于接触互联网，李良华坦言是被逼出来的。"要让消费者相信你的土鸡、土鸡蛋，卖出好价，就必须让他们'眼见为实'。"李良华创立联合共享品牌"季实庄园"，升级优化标准Ⅵ系统、官网分销系统和云直播溯源系统，采用O2O模式全程监控、直播土鸡生长过程，打造可视化农业销售模式，让消费者身临其境感受农业生产的火热。

如何持续吸引消费者？有了接触互联网经验的李良华开始瞄准"流量"市场。从开设淘宝、京东店铺，到开发"季实庄园"农产品销售小程序，再到现在的抖音、快手、腾讯

❶ 李慧. 两位年轻人的互联网创业故事［N］. 光明日报，2020-9-25.

笔记处

等平台直播，曾经网店静态的销售，已发展为直播动态销售模式，如今他的网上直播平台已拥有30万流量。

2017年，借"网"致富的李良华被聘为岭北镇政府扶贫顾问，他的生态蛋鸡专业合作社已有员工100多人，带动100多户土鸡养殖农户增收。他还积极指导农户和贫困户进行网上销售，并帮助贫困户直播带货，助力消费扶贫。

"利用互联网技术的渗透性、融合性，整合产销链资源，'合作社＋品牌＋农户'模式将使农户抱团发展。"李良华说，下一步，合作社将进一步深耕"互联网＋"经营模式，积极引进零下196℃的液氮速冻保鲜技术，开发生鲜鸡肉产品，破解电商销售过程中的物流难题，让更多农民接触互联网，增收致富。

问题思考

1. 创新创业有什么样的背景？
2. 创新创业的内涵是什么？

知识殿堂

党的二十大报告指出："创新才能把握时代、引领时代。我们要以科学的态度对待科学、以真理的精神追求真理……紧跟时代步伐，顺应实践发展，以满腔热忱对待一切新生事物，不断拓展认识的广度和深度，敢于说前人没有说过的新话，敢于干前人没有干过的事情，以新的理论指导新的实践。"[1]报告说明了创新的重要性，在创业过程中，缺乏了创新，就不能把自己的事业推向前进。

笔记处

---

[1] 本书编写组. 党的二十大报告学习辅导百问[M]. 北京：党建读物出版社、学习出版社，2022：15.

一、创新创业的背景

创新是一个民族进步的灵魂，是一个国家兴旺发达的不竭动力，也是中华民族最深沉的民族禀赋。在激烈的国际竞争中，唯创新者进，唯创新者强，唯创新者胜。

当今世界，新一轮科技革命和产业变革浪潮席卷而来。信息、能源、材料、医药、环保等领域技术不断取得激动人心的突破，催生了新的制造模式和商业模式，也催动着一场全人类走向智能生产、绿色生活的新迁徙，其中蕴含的诸多革命性变化，将对国家竞争力和世界经济政治格局产生重大深远的影响。中国只有加快创新和建设创新型国家，才能扎实推进经济转型升级和提质增效，抢占国际竞争的战略制高点。

2015年3月《中共中央、国务院关于深化体制机制改革加快实施创新驱动发展战略的若干意见》中指出建设创新型国家，鼓励大众创业、万众创新。从要素驱动、投资驱动转向创新驱动。

2016年5月，中共中央、国务院发布《国家创新驱动发展战略纲要》，明确到2020年时，我国将进入创新型国家行列；到2030年时，我国将跻身创新型国家前列；到2050年时，我国将建成世界科技创新强国。2020年9月4日，全球创新指数排名正式发布，我国在全球120多个经济体中位列第14位，2022年排名第11位。

在改革开放过程中，党中央以简政放权为突破口，推动经济转型、释放社会活力，社会投资和创新创业热情迸发。截至2022年8月底，全国登记在册市场主体达1.63亿户，其中，个体工商户1.09亿户，民营企业4700多万户，外商投资企业66.8万户。另外，随着新技术、新产业、新业态、新模式不断涌现，登记在册"四新经济"企业达2300多万户。❶ 以信息网络技术为支撑的"创客"迅速成长。一大批热衷于创意、设计、网络的年轻人，紧跟数字技术改造传统制造的潮流，用自己的"桌面工厂"生产出一大批令人目不暇接、惊叹不已却又接地气、有市场的新型产品，颠覆了传统的制造和消费模式，甚至产业布局和投融资方式。目前，北京已形成亚洲规模最大的"创

---

❶ 人民日报. 登记在册市场主体达1.63亿户，十年净超1亿户［EB/OL］. 国家市场监督管理总局. 2022-10-24.

笔记处

客空间"，深圳的华强北已被视为"创客圣地"。中华大地涌动的"创客风潮"加速推动了互联网与制造业融合发展的新工业革命大门，创新创业不断走向新高峰。

二、创新创业的内涵

2021年5月28日，中国科学院第二十次院士大会、中国工程院第十五次院士大会、中国科协第十次全国代表大会强调，要更加重视青年人才培养，努力造就一批具有世界影响力的顶尖科技人才，稳定支持一批创新团队，培养更多高素质技术技能人才、能工巧匠、大国工匠……要在全社会营造尊重劳动、尊重知识、尊重人才、尊重创造的环境，形成崇尚科学的风尚，让更多的青少年心怀科学梦想、树立创新志向。

创新创业是指基于技术创新、产品创新、品牌创新、服务创新，商业模式创新、管理创新、组织创新，市场创新、渠道创新等方面的某一点或几点创新而进行的创业活动，既不同于单纯的创新，也不同于单纯的创业。创新是创新创业的特质，创业是创新创业的目标。

创新强调开拓性与原创性，而创业强调通过实际行动获取利益的行为。创新创业与传统创业根本区别在于创业活动中是否有创新因素。这里的创新不仅指技术方面的创新，还包含管理创新、知识创新、流程创新、营销创新等方面。

总之，只要能够给资源带来新价值的活动就是创新。在某一方面或者某几个方面进行创新并进行创业的活动，就是创新创业。没有在任何方面进行创新的创业就属于传统创业。

三、创新创业的特点

（一）高风险

创新创业是建立在创新基础上的创业，但是创新受到人们现有认知、行为习惯等方面的影响，会面临被接受的阻碍，因而创新创业会面临比传统创业更高的风险。正如有的学者所言：真正重大的创新，每成功1个，就有99个失败，有99个闻所未闻。

笔记处

（二）高回报

创新创业是通过对已有技术、产品和服务的更优化组合，对现有资源的更优化配置。能够给客户带来更大、更多的新价值，从而开创所在创业领域的"蓝海"，获取更多的竞争优势，也获取更大的回报。

（三）促进上升

创新创业是在创新基础上的创业活动，创新是创业的基础和前提，创业又是创新成果的载体和呈现，并在创业活动过程中，不断优化资源配置、总结提炼，以实现创新的更新与升级。创新带动创业，创业促进创新。

四、创新创业的实践环境与支持

（一）创新创业实践基地

2015年6月，为贯彻《国务院关于大力推进大众创业万众创新若干政策措施的意见》的文件精神，创新创业实践基地开始在高校雨后春笋般地涌现。为了创新创业实践基地更加有成效、出成果，国家于2021年10月出台了《国务院办公厅关于进一步支持大学生创新创业的指导意见》，使大学的创新创业实践基地成为大学生创业的孵化场所。现在，国家级创新创业教育实践基地旨在通过整合校内外实践资源，开展大学生（包括高职生）创新创业训练、筛选、培育、孵化创新创业项目等工作，打造区域性创新创业人才培养示范区。

2022年9月，教育部办公厅发布《关于公布国家级创新创业学院、国家级创新创业教育实践基地建设名单的通知》，这是教育部首次开展该项工作。自2022年6月份启动起来，历经高校自主申报、专家评审、省教育厅公示、教育部复审等工作流程，共面向全国各类高校建设100个国家级创新创业学院和100个国家级创新创业教育实践基地。是教育部全面贯彻落实《国务院办公厅关于进一步支持大学生创新创业的指导意见》，深化创新创业教育改革，加强创新创业人才培养的重要举措。国家级创新创业教育实践基地各自具备不同的创新创业教育典型经验和双创教育特色，对大学生创新创业训练、深化创新创业教育改革、丰硕大学生创新创业工作成果、加强创新创业人才的培养起到了重要作用。

笔记处

（二）现代产业学院的建立

2020年7月，为落实国务院关于深化产教融合的精神，教育部、工业和信息化部印发了《现代产业学院建设指南（试行）》，文件提出："在特色鲜明、与产业紧密联系的高校建设若干与地方政府、行业企业等多主体共建共管共享的现代产业学院。"并从创新人才培养模式、提升专业建设质量、开发校企合作课程、打造实习实训基地、建设高水平教师队伍、搭建产学研服务平台、完善管理体制机制七个方面，提出了建设任务。例如创新人才培养模式为培养什么样的人才，怎样培养人才指明了方向，为建立现代产业园奠定了坚实的人才基础，也为人才培养做好了保驾护航。

不少产业学院不仅依托现有科研平台，师生和企业联合开发，把科研成果转化成工程实践项目，构建基于产学研用融合发展的校政企合作模式，新孵化出多种新的企业和机构。同时举办学院创新创业比赛，带领学生参加创新创业大赛，如"互联网+"大学生创新创业大赛和一些省级大赛。从这些大赛中涌现出一大批科技含量高、市场潜力大、社会效益好的高质量项目，展现了当代青年大学生奋发有为、昂扬向上的精神风貌，已成为我国覆盖面最大、影响最广的大学生创新创业盛会，也开始成为国际高等教育的一道亮丽风景线。

2021年12月，教育部公布了首批50所大学建立的现代产业学院。这为高校包括职业院校培养适合现代产业发展的高质量人才、复合型创新人才提供思路。

（三）建立协同支持机制

在党中央的指导下，各省市努力探索创业支持机制。如一些地市通过地校双方对党建阵地、服务资源、人才队伍的有效整合，推动各个要素之间的有序流动。围绕大学生创新创业，组织的一些创新创业博览会、双创集市嘉年华、双创大赛、故事汇等活动。还有一些地市通过开办创新创业培训，实施党建引领"双带双培""导师带徒"等项目，形成了"创业苗圃+孵化器+加速器"体系，提升初创者的创业技能，为大学生提供教育培训、创业扶持、产学研合作科技成果转化、知识产权保护等服务。

建立协同支持机制主要体现在三方面，一是在产业、科技、社保、金融等方面给予扶持，给创业者提供政策便利；二是完善人才激励机制，因地制宜探索专业技术职称评定等机制，让选择来农村发展

笔记处

的各类人才有职业荣誉感，对未来发展无后顾之忧；三是健全人才培养机制，特别是培养一批新型职业农民，形成与发展需求相适应的人才梯队和农业生产的生力军。还有一些地区抓住"人才兴，乡村兴"这把关键钥匙，为农业生产注入现代科技的新动力，因地制宜发展现代农业项目，或是帮助传统农业"老把式"向懂技术、善经营、能致富的"新农人"转变，让农业成为有奔头的产业，农村为青年提供一片创业就业的"蓝海"等。

各地建立的协同支持机制均具有地方特色，体现了各地对创新创业在经济发展中重要作用的认识。通过体制机制的改革与完善，形成全面支持创新创业的服务支持体系，打造发展新优势，为各地经济振兴提供新的动力和保障。

思政拓展

访谈成功人士

访谈法是一个很好的方法，能够面对面地了解成功创业者的经历、经验。请寻找行业内创业成功人士并进行访谈，了解他们的经历，谈谈对你的影响。

访谈对象：

访谈对象的经历：

访谈对自己的影响：

笔记处

单元十二　创业准备

📋 任务一　创业精神

💬 经典寄语 ✈

　　苏轼在《晁错论》中说："古之立大事者，不惟有超世之才，亦必有坚忍不拔之志。"这句话说明了人的精神很重要。正如党的二十大报告指出的那样，增强"志气、骨气、底气，不信邪、不怕鬼、不怕压，知难而进、迎难而上"❶，有勇气克服和战胜一切艰难险阻，最后获得成功。

💬 故事探微 ✈

农村大学生回乡创业，圆枸杞梦 ❷

　　25岁的陈晓燕，家住燕子墩乡燕子墩村。一直希望出去闯荡、不甘平庸的她2005年前往天津交通职业学院国际贸易专业学习。从入学起，她以异乎寻常严格的标准要求自己，思想上，她入校后第一时间向党组织递交了入党申请书，定期向党组织递交思想汇报。学习上，刻苦努力，勤学多问，学习成绩优秀。积极参与社会实践活动中，多次被评为优秀干部的称号。

　　毕业后她放弃了天津某公司优厚的工作待遇，毅然回到

---

❶ 本书编写组. 党的二十大报告学习辅导百问［M］. 北京：党建读物出版社、学习出版社，2022：21.

❷ 高巍，秦华. 全国百名"向上向善好青年"推选活动［EB/OL］. 中国共产党新闻网，2015-3-18.

笔记处

了宁夏银川，顺利进入某枸杞产业有限公司。在公司她兢兢业业，谦虚好学，得到了老板的信任，为她提供锻炼的平台。她也深爱枸杞外贸这个行业。在从事枸杞鲜果速冻，枸杞干果，枸杞果汁，枸杞多糖的系列产品国外认证以及出口工作中，她不断提升自身的专业素质以及专业素养，了解和掌握该行业出口要求。通过自身努力，除了成为一名合格的外贸从业人员，还积累了大量的外贸客户资源，掌握了体系的外贸渠道的开拓，在这里她一干就是五年。

2012年秋，回家看望父亲，她发现好多农户正在挖已长势多年的枸杞，看到这一切，陈晓燕很纳闷，也很焦心，枸杞现在越来越受人们的青睐，乡亲们怎么能将种植枸杞多年的枸杞挖掉呢？通过与一些群众交流，群众反映现在枸杞虽然购买的人越来越多，但是种植成本高、价格低。随后她对惠农枸杞进行了检测比对，发现品质并不比中宁枸杞差，尤其肉质的口感。这一切深深地触动了她，让她有了一个大胆的想法，回乡创业在家乡圆自己的创业梦。她要通过自己的努力帮助农民增收致富。

说干就干，2013年4月，在燕子墩乡党委、政府的大力支持下，她积极筹集180余万元资金，开始筹建枸杞加工产。短短2个多月，一个集配套晾晒、仓储、精选、包装、储运、化验为一体的3000平方米的枸杞加工厂建成了，同时她又积极申报注册了枸杞专业合作社。

通过陈晓燕的努力，不断创新繁育枸杞新品种，培育发展有机枸杞科技示范园区，力促枸杞品种更新换代升温提速，一是转变发展模式，改变以往的零散户种植发展为集约规模发展为主，通过土地流转的形式，将土地从农民的手中流转出来，自建基地进行规模化种植和加工企业；二是加大科技投入力度，加快新品种、新技术推广应用步伐，推广枸杞新品种"宁杞七号"，在新技术推广方面，推广有机枸杞生产技术，通过规范化生产，力争枸杞干果质量有大的提高；三是逐步疏通流通渠道，提高惠农区枸杞在全国市场上的知名度，最大限度地提升惠农枸杞在市场上的竞争力，为了进一步抓好枸杞品种更新换代，乡上从不断扩大推广应用枸杞新品种、新技术、新机制和良种示范基地规范化建设入手，鼓励农民流转土地。

陈晓燕敢于梦想，敢于去追梦，用她的话说："作为一名年轻党员，一名大学生，哪里都有展示人生的舞台，我既然选择了这条道路，未来不知会怎么样，但是我在家乡用我的努力让我的父辈们在这块贫瘠的土地里有更多的收获，我想我就很知足了。"

问题思考

1.看了这个创业故事，对你的启发是什么？

2.创业者应该具备哪些素质呢？

知识殿堂

一、创业精神的种类

创业精神是指创业者具有的开创事业的思想、观念、个性、意志、作风和品质等。作为创业者，必须具备以下六种创业精神。

（一）理想主义情怀和精神

要想成为一个真正的创业者，一定要有理想，有抱负，有属于自己的伟大梦想。

（二）坚定的信念和坚持的精神

创业，不是一时的事情，不坚持不会成功，甚至有时候你一直坚持也有可能不成功，想成功就得有坚定的信念和坚持的精神。

（三）笃定的精神

创业者一定要笃定，要知道自己的方向和努力的目标是什么，没有这种精神，毫无头绪地任意尝试，到时候也是一事无成。

笔记处

（四）破釜沉舟的精神

具有破釜沉舟的精神可能会帮助创业者更好地抓住创业机会，获得成功的可能性就更大了一些。

（五）诚信精神

不管从事何种工作，都要具备诚信精神，尤其一个创业者，没有诚信你就无法立足于这个社会，也无法立足于竞争残酷的市场。

（六）团队合作精神

团队合作是借势把众多分散的力量集合起来，汇集资源，朝着创业的目标奋进。单纯靠个人无法完成创业，必须具备合作精神。

二、创业精神的培养

创业精神既是一种天赋，又能够在后天培养。创业精神的培养途径主要有三种方式。

（一）通过模仿实现

几乎所有的创业成功者始于模仿，所以模仿很重要，先有了模仿，才会有创新，这是培养创业精神的重要一环。具体做法是选取几个特定的创业成功的人物，多方了解这些成功者的做法和成功经验，严格要求自己的言行，鞭策自己改变坏习惯。还可以选取几个具体的案例，了解创业成功案例的整个流程，运用到自己的创业实践中。通过这样的模仿，可以省时省力地、快速地使自己成熟起来。

（二）通过磨炼实现

抓住每一次锻炼的机会，在创业环境中磨炼意志，培养精神，培养自己敢想、敢做、敢闯的创业心理品质。创业心理品质越是得到磨炼，越是容易激荡出创业者的智慧和才能，越能在承受巨大压力下取得创业的成功。

（三）通过实践实现

良好创业精神的形成重在实践经验的积累，积极的实践能带来及时的反馈和成就感，也能带来成功的喜悦。只有经受创业实践的锻炼，创业目标才会更加明晰，创业信念才会更加强烈，创业精神也才能更加完备。不过需要指出的是，创业实践要从小事做起，积累经验，创业精神就会逐步培养出来。

笔记处

思政拓展

说说你的创业精神

沉下心来，厘清头绪，思考你的创业精神。请把思考的结果写在横线上。

创业精神的种类：

_____

_____

_____

我具有的创业精神：

_____

_____

_____

创业带给我的精神反思：

_____

_____

_____

创业精神的培养路径：

_____

_____

_____

笔记处

任务二 创业知识

学习是发展的需要，知识改变命运。无论就业还是创业，都需要学习知识、掌握知识、积累知识、运用知识。在当今倡导终身学习的时代背景下，树立自主、自觉、能动的自我学习导向，确立注重过程、强调连续、与时俱进、始终不辍的学习理念，是职业生命和创业过程中的必备内容。

黄胜操的创业故事：让"90后""00后"爱上种地❶

"用农机的智能化、农业的现代化吸引，让'90后''00后'爱上种地。"33岁的黄胜操，这样描摹他心中年轻人与农业的关系。

黄胜操是国家农机装备创新中心暨洛阳智能农业装备研究院有限公司（下文简称"创新中心"）副总经理、高级工程师。农民子弟的他从小就跟土地、粮食非常亲近。上大学时，他报了洛阳工学院的材料专业，读研又报了中国农业大学的材料专业，始终把兴趣点锁定在农机材料上。

2013年，研究生毕业的他到中国一拖集团有限公司工艺材料研究所工作，投入农机研发和制造事业中。2017年12月，创新中心组建，黄胜操来到这个初创公司。

创新中心成立后，将中心任务锁定在攻核心、补短板和强智能上，并围绕这三大板块扩展技术和产品。除了研发产品推向市场，实现自身良性运转，创新中心还肩负着搭建平台、推动不同领域跨界融合协同发展的任务。

---

❶ 黄胜操的创业故事：让"90后""00后"爱上种地［EB/OL］. 学习强国（新华社），2022-11-10.

笔记处

"当初来时，没想过一定做多大，一定做成什么样子。只是一步一步地做，就到了今天。"黄胜操脑腆地说。现在，创新中心已经拥有150余名员工，其中研发人员占比超过70%，销售收入逐年倍增。

问题思考

1. 创业为什么需要知识方面的积累?

2. 创业者应该具备哪些创业知识?

知识殿堂

创业是就业的高级形式，就业需要相关的知识，创业同样需要相关的知识。如要创业成功并得以持续发展，必须掌握相关的创业知识。

一、专业知识

专业知识是从事某一专业或职业所必须具备的知识，一般与专业、职业能力结合在一起发挥作用。创业的专业知识从三个方面理解。

（一）基础的专业知识

对于初次创业，应该选择比较熟的行业，有一定的积累或者独特的创业资源，如销售渠道、进货渠道、人脉关系等方面，这样创业项目可能很快上手，容易成功，这是创业最基础的专业知识维度。

（二）辅助的专业知识

辅助的知识维度包括项目市场营销、项目渠道开发、财务账目、人力资源使用与控制、项目开发与运营等方面，这些对于创业者而言，都是一些重要的辅助专业知识要求。

（三）专业知识开发

创业者不但要注重创业初始专业知识的运用，还要特别注重创业

笔记处

过程中的知识运用。因为创业过程中，各方面都是发展的，需要专业知识不断更新，这就要求创业者应该有一个不断的完善和学习的过程，满足企业和自身的成长需要。

二、经营管理知识

经营管理知识是从事经营管理工作必须具备的知识。企业生产经营管理是一门综合性、应用性的科学。掌握好企业的生产经营管理知识，对于经营管理和企业提高经济效益具有十分重要的现实意义。作为一个创业者，懂经营、善管理是基本要求。

（一）生产管理

企业在创办初期尤其要重视生产管理，规范生产行为，这样才能给企业带来较好的经济效益，才能使企业有较强的发展后劲。企业的生产管理主要包括生产计划、产品管理、日常生产的组织、产品质量的控制和生产要素管理五个方面的内容。

（二）营销管理

创业的成功必须有科学的营销组织，制定适应市场变化的营销策略。企业营销的内容主要包括制订营销计划、制定产品策略、价格策略、供销渠道和促销策略等方面。

（三）财务管理

财务是企业生产经营过程中财务活动和企业与各方面财务关系的统一。财务管理是人们根据生产经营活动情况，组织财务活动和正确处理各种财务关系，已达到预定的财务管理目标的一种管理活动。企业管理财务的主要内容包括投资管理、投资管理和收益分配管理三大内容，它们之间是相互关系、有机统一的，是企业财务管理的基本任务。能否有效筹集企业生产经营活动中所需的资金，能否有效地投放资金，能否合理地组织收益分配，是衡量企业财务管理水平的基本依据。

三、创业实务知识

创业实务知识是发挥社会关系运筹作用的多种专门知识，其中包括政策、法规、工商、税务、金融、保险、人际交往、公共关系等。

（一）法律法规知识

创业者在创业过程中，必须遵纪守法，法律红线任何时候都不能触碰，否则创业终究会"竹篮打水一场空"。创办企业需要知晓和坚守的法律，一是创办企业形式需要用到的法律。如有限责任公司、合伙企业、个人独资企业等常用法律有《公司法》《合伙企业法》《个人独资企业法》《中小企业促进法》《企业法人登记管理条例》《公司登记管理条例》。二是劳动或合同用到的法律。如《劳动法》《劳动合同法》。三是缴税用到的法律，如《企业所得税暂行条例》《增值税暂行条例》《营业税暂行条例》《税收征收管理法》。四是知识产权用到的法律，如《著作权法》《商标法》《专利法》。五是企业内部的规章制度。需要根据企业的具体情况制定相关规章制度，保障公司健康发展。

（二）工商税务知识

工商登记是国家对生产经营者行使的管理职能之一，也是生产经营者确认自身合法地位的法律程序。申请开办公司需要向工商部门提交开办公司的申请报告，经过工商部门审核后，发放给创业者营业执照。此外，守法经营、依法纳税是每个公民应尽的义务。税务登记的内容主要包括工商户的名称、地址、经济性质、主管部门、生产经营范围、经营方式、资金状况、工商行政管理部门的工商登记证照号码、开户银行及账号等。

（三）金融保险知识

创业所从事的生产经营活动，一旦开始运营，每时每刻都需要与资金打交道。企业购买原料、卖出产品、发放工资、缴纳税款、支付利息等活动都与资金相关。如何从银行贷款、如何合理地使用资金、如何有效地回避风险等问题要求创业者掌握金融保险的基本知识，利用信用和保险制度为创业服务。

思政拓展

创业做好准备了吗——创业可行性自测

请对下列问题做出选择，然后结合自己的实际情况，思考相关问题并将答案写在横线上。

笔记处

1. 你对创立企业的法律形式是否了解？

　　是　　　　不确定　　　　否

2. 你有把握筹集到创建企业的启动资金吗？

　　是　　　　不确定　　　　否

3. 你确定了将要出售的商品或提供的服务吗？

　　是　　　　不确定　　　　否

4. 你是否做了市场细分并确定了销售对象？

　　是　　　　不确定　　　　否

5. 你是否访问过10位以上的潜在顾客，并让他们了解你的产品或对

　　你的服务提出意见？

　　是　　　　不确定　　　　否

6. 你知道谁是你的现实或潜在的竞争对手吗？

　　是　　　　不确定　　　　否

7. 你对主要竞争对手做过优势和劣势比较吗？

　　是　　　　不确定　　　　否

8. 你的开业地址确定了吗？

　　是　　　　不确定　　　　否

9. 你对销售的商品或提供的服务订出价目表了吗？

　　是　　　　不确定　　　　否

10. 你是否决定花一部分钱做广告宣传？

　　是　　　　不确定　　　　否

11. 你对企业的促销做出了预算吗？

　　是　　　　不确定　　　　否

12. 你是否已做了一年的销售预测？

　　是　　　　不确定　　　　否

13. 你是否已经根据销售预测做出了盈亏平衡分析？

　　是　　　　不确定　　　　否

14. 你对开业一年的损益状况做出了预测分析吗？

　　是　　　　不确定　　　　否

15. 你第一年的经营状况能保证不亏损吗？

　　是　　　　不确定　　　　否

16. 你制订了第一年的现金流量计划吗？

　　是　　　　不确定　　　　否

笔记处

17.你和开业有关的政府各部门都接洽过吗?

　　　是　　　　不确定　　　　否

18.如果向银行贷款,你是否有担保的资产?

　　　是　　　　不确定　　　　否

19.你知道需要怎样的员工及员工数量吗?

　　　是　　　　不确定　　　　否

20.你知道雇用员工所必须了解的法律知识吗?

　　　是　　　　不确定　　　　否

21.你知道对员工必须承担的责任和义务吗?

　　　是　　　　不确定　　　　否

22.你知道什么是为职工缴纳的"五险一金"吗?

　　　是　　　　不确定　　　　否

23.你知道你的企业必须投保哪些险种吗?

　　　是　　　　不确定　　　　否

24.你是否知道你的企业需要办理"特种行业"的申办手续?

　　　是　　　　不确定　　　　否

25.你对申办企业的手续做过详尽的咨询和调查吗?

　　　是　　　　不确定　　　　否

26.你清楚你的企业必须办理哪些许可证吗?

　　　是　　　　不确定　　　　否

27.你是否为申办你的企业制订了申办流程和期限表?

　　　是　　　　不确定　　　　否

28.你对将涉足的行业了解吗?

　　　是　　　　不确定　　　　否

29.你办企业是否获得家人的支持并已安排好了家庭开支?

　　　是　　　　不确定　　　　否

30.你是否坚信一定能把自己的企业办好?

　　　是　　　　不确定　　　　否

计分:

选择"是"得3分,选择"不确定"得1分,选择"否"得0分。

满分为90分,如果你的得分为60分以下,建议你再作努力,等准备较充分时再进入创业实施阶段。

笔记处

通过自测后,请思考:

你在创业方面的优势有：

你在创业方面还有哪些不足：

你的改进措施是：

任务三　创业能力

经典寄语

一个业务出身的领导者，不管他的业务能力有多强，如果创业若干年后他在专业领域的动手能力上仍然是自己团队中最出色的，那他大概不是一个好的领导者。因为好的领导者需要良好的判断力、制订和管理标准的能力，有什么样的判断就会有什么样的产品，有什么样的标准就会有什么样的人才。

故事探微

"90后"小伙回乡创业当"新农人"❶

大学毕业"杭漂"四年，在积累了一定的视频拍摄经验后，他决定返乡创业，成立农业公司，利用"直播+短视频"模式尝试销售家乡的土特农产品，在拓宽当地农产品销售渠道的同时带领乡亲共同致富增收。他就是江苏省徐州市贾汪区现代农业产业园区的"90后"小伙宋超。

"种地不是我的强项，所以我选择了销售农产品。"大学毕业于连锁经营管理专业的宋超，在校时就做起了淘宝电商。他毕业后在浙江杭州从事商业写字楼租赁工作，业余时间坚持学习短视频拍摄，对电商销售的内容建设有了一定的认识。在积累了一定的"直播+短视频"经验后，宋超回到徐州贾汪，开始以直播带货的模式尝试销售当地农产品。

为了帮助家乡农业产业加速复苏、扩增销路，宋超将选品范围聚焦到了家乡的农产品上。他经常走访联系农户，以高于市场的价格收购农产品，并雇用农户参与到配货、分拣、发货的流程中来。

❶ 赵天，朱敏."90后"小伙回乡创业当"新农人"［N］. 扬子晚报，2022-9-18.

笔记处

2021年5月，宋超注册了徐州市极客农人农业科技有限公司，他将经营理念定位为"还原家乡食材的味道"，通过"直播＋短视频"销售贾汪本地及周边区域的应季蔬菜。宋超卖过秋月梨、红帽蒜薹、苏翠梨、粉丝、辣椒、花椒、草莓、杂粮煎饼等，只要是家乡应季的农产品，他都会在直播间销售。截至目前，宋超直播带货的总销售额有500多万，共帮助一百多家农户平均每年增收6万元。

　　宋超告诉记者，现在他除了要四处考察选品，平均每天还要直播4小时以上，下播后又要马不停蹄地安排配货发货，经常要忙到深夜才能入睡。有人曾问过他：年轻人都去大城市闯，机遇多环境好，你为什么回到农村？宋超说，作为创业新青年，他这么做就是想让更多人知道徐州、了解家乡贾汪的农产品，为农民销售多打开一条销路，这很有意义！

　　2022年4月中旬，宋超将直播工作室搬到了田间地头，并建起了仓储式农产品直播基地。"从营销角度来说，让消费者真实看到食材的源头，能激活销量。我们要让生活在外地的徐州人可以品尝到家乡特产，让更多人知道徐州的优质农产品。"宋超用新思维、新理念和新方法让传统农业插上数字翅膀，把农产品推向更为广阔的市场。

　　2022年，宋超被选为贾汪区第十三届人大代表，多了一重新身份，这对宋超来说是多了一份责任。宋超表示，他将带动更多农户参与农村电商生态，将当地农产品打造成统一品牌推广出去。

问题思考

1. 这个案例给你的启示是什么？
2. 创业能力对于创业者的重要意义有哪些？

笔记处

一、创业能力的概念及特征

（一）创业能力的概念

创业能力指一种能够顺利实现创业目标特殊能力，它是一种以智力为核心的具有较高综合性的能力，是一种具有突出创造性的能力。

（二）创业能力的特征

1. 核心性

创业能力在创业素质的基本素质中具有非常重要的地位，它是创业基本素质的核心，是将其他各要素组合成创业基本素质结构的中心，直接影响着创业的成败。

2. 实践性

创业是一种高度实践性的活动，不仅需要有想法，更需要把创业想法一步一步地落实到位。从创业调研到企业运营都需要深入实际，最终把产品送到消费者的手中。

3. 创新性

创业就是创新。创业过程中的一切都是创新，如创业公司的名称、运营模式、用人机制、薪酬机制、产品等，都需要创新。失去了创新，可以说创业也就失败了。

4. 智力性

创业不单单要付出体力劳动，更重要的是用心去经营管理，包括三个层面。第一，娴熟的专业水平。对于一般创业者而言，一定要选择自己熟悉的专业范围，更能有利于创业成功。第二，高超的经营管理水平。很多创业者走向失败，关键就是没有经营管理的能力。高职生要清醒地意识到，在大学期间，无论学习什么专业，必须自学经营管理方面的知识，为日后创业做好积淀。第三，持续学习能力。一定要树立终身学习的理念，通过自学、参加培训、网络学习等方式，不断为自己充电，保证创业的后续动力。

笔记处

二、创业能力的主要体现

（一）独立思考能力

独立思考能力指能够准确定位问题，通过事物现象摸清事件本质，并加以分析、予以辨别吸收的识别能力。独立思考是体现创业者决策能力的重要一环，所以加强独立思考能力的锻炼尤为重要。它决定了创业者能否真正抓住创业所带来的机遇，分析创业中存在的优势与劣势，集中所有能量解决重要的事情。

（二）控制情绪能力

成功的企业家懂得控制自己的情绪，同时比一般人具备更强的同理心，能够换位思考，准确把握他人需求和想法。体现在创业过程中，他们不仅能使自己的产品和服务设计得更符合用户需要，也能在和投资人、用户的沟通中，赢得更多好感和认可。

（三）元认知能力

元认知是对认知的认知，具体说，是个人对自己认知过程的再认知和调节这些过程的能力。元认知能力强的人学习能力很强，他们对自己的学习和认知过程很了解，因此能够在快速自我思考和自省后产生最优化的学习策略，能够正确认识自己的能力及限度，也很清楚如何克服自己的不足。

（四）加强领导能力

领导能力是一系列行为的组合，这些行为具有号召力和凝聚力。创业公司的领导者更需要有超凡的个人魅力，吸引人们朝向他所描绘的愿景进发，引导团队成员实现目标。

（五）抵抗挫折能力

在面对困境、挫折时，一个人体现出来的适应能力、复原能力甚至在逆境中变得更好的能力就是抗挫折力。这项能力对于创业者来说尤为重要。任何一家创业公司在成功之前都可能经历无数次的困境、危机，每一次困境都可能成为压倒骆驼的最后一根稻草，也可能成为在沙漠中重生的营养补给。

笔记处

思政拓展

创业成功要素探秘

创业，对多数人而言是充满诱惑的。同时，创业又不是那么轻而易举成功的。如要成功，就必须具备一定的创业素质。请你归纳创业能力有哪些？请你思考和审视自己，你的创业素质有哪些？你认为自己还需要提升的创业素质是哪些？

我认为创业能力有：

自己的创业能力有：

自己的创业素质有：

自己还需要提升的创业素质：

笔记处

单元十三　创业的构思与实践

任务一　把握创业机会

经典寄语

对于成功的创业活动来说，一个好的创业项目或企业想法是基础及首要条件。但无论想法本身有多好，对于创业成功还是远远不够的。在当前这个"信息爆炸"时代，信息就是资源与财富，创业之路常常是从充分利用信息开始的。

故事探微

田野上放飞创业梦 [1]

大学毕业后，我做出了一个让家人和朋友都不解的选择——回到家乡临颍县固厢乡城顶村继续当农民。

这个念头源于我在大学期间参加团中央组织的促进农村青年创业就业项目，也是在那个时候，我看到了科技在农业发展中的重要性，看到了无土育苗发展的广阔前景。当时我就想，要把先进技术带回家乡，为乡亲们带回更多农业增产增收的"法宝"。2009年大学毕业后，我毅然回到家乡，承包了10余亩地，研发育苗新技术，开展穴盘基质育苗，并注册成立了公司。

搞农业，经验很重要。为了积累经验，我除了向前辈请教，还注重实践。创业之初，我几乎每天吃住在大棚里，从

❶ 谭勇. 田野上放飞创业梦［N］. 河南日报，2022-11-1.

笔记处

职业生涯规划与发展指南

选种、催芽、播种到排苗、出苗，每个环节都仔细观察并一一做好记录。慢慢地，育苗基地面积由原来的10余亩扩大到现在的300余亩，育苗量达到5000万株，培育的种苗销售到全省乃至全国。

为了提高产能，保证种苗质量，在加大科技投入、不断引进新品种新技术的同时，我还带领研发团队刻苦攻关，先后获得7项国家专利和1项省级科研成果，并参与制定了2项河南省地方标准。

新农民要有新思想、掌握新技术。2017年以来，我们通过聘请专家与本地种植能手共同授课，培育高素质农民1325人，并为200多名大学生提供了见习岗位，为周边300多名农村青年提供了就业岗位。

凭着对农业的热爱，我在田野里放飞梦想，个人也因此获得多项荣誉。在我的带动下，一些大学生也加入回乡创业当新农民的行列，并成长为当地新农村建设的主力军。勇于担当时代使命是青年的光荣责任，我坚信，未来的农业属于年轻人、属于新农民。

问题思考

1.创业信息获取原则和途径是什么？
2.如何识别、评估创业机会？

知识殿堂

把握创业机会，及时获取创业信息，对于创业成功能够起到事半功倍的效果。

笔记处

一、创业机会的概念及特征

（一）创业机会的概念

创业机会指根据社会政治、经济发展水平所提供的具有较强吸引力的、较为持久的有利于创业的商业机会，创业者据此可以为客户提供有价值的产品或服务，并使创业者自身获益。

（二）创业机会的特征

1.基础性

创业机会不是拍脑袋的事情，而是一个长期的准备，不仅在资源上准备，如人、财、物等方面，还要做技能技术的准备，更需要信息的准备。尤其是信息的准备，时刻都要有高度的敏锐性。

2.吸引性

再好的创业机会没有吸引性，也不可能引来客户，没有客户的创业在一开始就失败了。

3.通达性

创业机会一旦产生，需要使自己的产品在一个大的范围内得以顺利循环，创业机会的价值才得以体现。

4.先机性

要及时抓住机会，并占据先机，果断实施计划。

5.隐蔽性

创业机会在被发现之前，有一层"纱"掩盖，但它存在于我们身边，需要用慧眼发现。

6.偶然性

创业机会的发现和捕捉有很大的不确定性，大部分创业机会的产生都有"意外"因素。创业机会的偶然性决定了其通常难以被人们所预测。

7.易逝性

创业机会在特定的时间内才具有创业价值，一旦被别人抢占先机，其价值就大打折扣甚至荡然无存。在资讯发达的今天，创业机会很容易被他人借鉴和复制，行动稍有迟缓就可能丧失机会。

职业生涯规划与发展指南

笔记处

二、创业信息获取原则

获取创业信息对于创业机会的准确捕捉，具有重要的作用。因此，获取创业信息需要注意以下三点原则。

（一）适用性原则

每个人的情况不一样，因而应根据自己的能力、素质优势、性格等选择合适的信息。认真考虑自己是否具备进入相关领域进行创业的能力。要用发展的眼光看待相关信息，不仅要看当下，更要放眼未来，以便做出最优选择。

（二）时效性原则

在创业信息的搜集过程中要注意信息的新颖和实效。一般说来，越是容易获得的创业信息，相关领域的潜在竞争者也较多。这就要求高职学生在搜集创业信息时要有敏锐的洞察力，善于发现与挖掘易被忽视的创业信息，通过对相关信息的有效利用，有可能使自己在创业中占据先机，提高创业成功的机会。

（三）准确性原则

信息的准确性是创业成功与否的关键。互联网时代，高职学生获取信息的渠道与方式越来越多样化，如不加分析地全盘接受，就会无谓消耗资源与精力，甚至导致创业决策或创业方向的错误。因此，高职学生在获取创业信息时，要对信息的准确性进行分析研判，避免虚假无用信息。

三、创业信息获取途径

（一）个人志趣

翻开创业成功者的名录，能够发现许多成功的创业者的"初心"，正是兴趣爱好或所怀揣情怀梦想。如果喜欢电子游戏，可以投身电子竞技相关领域。如果热爱美食，则可关注餐饮、文旅等领域。如果喜欢运动，广阔的运动健身市场同样大有可为。

（二）社会关系

发达的社交网络，打破了因血缘、亲缘、地缘等形成的相对固定的社会关系。人们的交往范围不断延伸。创业信息的来源不再局限于亲朋师长、校友同学，也可来自因共同爱好、共同目标而相遇相聚于

笔记处

网络中的"创客"达人。

（三）大众传媒

包括互联网、报纸、杂志、电视在内的大众传媒，汇聚了大量创业信息或创业灵感。通过信息的流动与传播，能够有效了解流行趋势、社会需求变化等信息，同时，大众传媒也有许多关于企业运转的相关公告，有助于了解行业发展趋势。

（四）（行业）展览会

通过参加展览会，不仅可以看到新产品和新服务，还可以深入了解厂商、批发商、发行商和经销商的运营模式和主要需求，从而挖掘创业信息。通过参加展览会，也有利于寻找合作伙伴，获得合作机会。

（五）社会实践

不少高职学生在校期间通过勤工助学、求职打工、毕业实习等方式，提前走入社会、体验社会。在此过程中，通过直接接触社会的方式，有利于进一步增加学生对相关行业的了解。通过工作经验的积累，不仅有助于产生创业想法、获取创业信息，更有助于从感性与理性的不同角度分析与运用想法与信息。

发现并把握住创业机会，是否就意味着一定可以取得创业成功呢？答案是否定的。并不是所有的创业机会都有很好的商业价值。因此，当机会摆在面前时，创业者们需要冷静地将已经掌握的创业机会进行一次科学、理性的价值评估。有价值的创业机会，往往具备三个特征：一是具有很强的市场吸引力。二是具有充足的能满足长远发展的资源需求。三是具有良好的获利能力。此外，评估一个创业机会是否具备市场吸引力，可以从涉及行业、市场、经济因素、收获条件、竞争优势等方面的具体指标来衡量，最终准确合理地评估创业机会的价值。

💬 思政拓展 ✈

如何避免创业风险

组成创业小组，假设你们将要开办一个小型公司，在小组中运用头脑风暴法，讨论如何避免创业风险，为今后企业的发展积累实践经验。

笔记处

创业小组名称：..

创办企业名称：..

创办企业的风险：

1. ....

2. ....

3. ....

4. ....

5. ....

避免风险的方法：

1. ....

2. ....

3. ....

4. ....

5. ....

任务二　进行创业构思

古人曰：计熟事定，举必有功。创业何尝不是如此？虽然创业是艰难的，但只要做好计划，诸事安排稳妥，然后采取创业行动，就有很大机会获得成功。创业忌讳盲目和随意，在创业过程中，事先谋划构思创业的内容，采取科学的创业方法，就会避免创业的不利因素，发挥创业的有利因素。

故事探微

李霞的创业之路 [1]

李霞上学时做事雷厉风行、有股闯劲，紧要关头总能当机立断，想法很有创新性。热情开朗的她，结交了很多谈得来的朋友。

李霞学医药专业，职业院校毕业后曾在一家药房工作，后因药房停业而下岗。药房的工作经历让她很清楚地了解到，当地药材市场上经营中药的多，经营西药的少。于是，她在药材市场租了个柜台卖西药。柜台一个月的租金和她原来半年的工资差不多。李霞省吃俭用、起早贪黑，但由于竞争激烈，最初阶段经营得很艰难。后来，李霞通过朋友介绍联系上几家医院，通过诚信服务、送货上门，使这几家医院成为固定客户。

别人挣了钱，买大房子、小汽车，而李霞却用第一桶金买了门市房和厢式货车。她采用"平价药店"的经营模式，拓展药品零售业务，吸收个体药房加盟，逐渐形成规模。后来，她又组建医药物流企业，与三甲医院建立业务往来，收

---

[1] 蒋乃平. 职业生涯规划［M］. 北京：高等教育出版社，2013：135.

笔记处

购了一家医药企业，形成集团化经营。随着资金积累，李霞又把视线投向亚健康人群和社区医疗、国际门诊、残障儿童康复。如今，她的集团旗下已经有8家子公司，让许多人有了工作，每年都到母校招聘新员工，成为当地著名的企业家。

创业让李霞获得成功，能做自己想做和喜欢做的事情。她在完成一个目标后，会产生继续往前走的冲动。她说："创业是很苦的事情，但原来别人给我发工资，现在我给别人发工资，体会到了不同的感受。"

问题思考

1.为什么需要进行创业构思？

2.创业构思对创业者有什么重要意义？

知识殿堂

一个成功的企业，往往开始于一个好的创业构思。在创办企业之前，需要对期望经营的企业有具体而明确的构思。

一、创业构思的内容

确定自己创办企业的创业项目，创办企业的构思需要满足三个方面的内容。

（一）创业项目的选择

创业项目应该基于自己了解、喜欢或擅长的项目选择。可从两个方面理解：一是做自己喜欢做的事。当所从事的工作自己喜欢时，人们在工作时就会投入巨大的热情，也就容易取得成功。在创业项目的选择上，创业者一定要考虑以下问题：我喜欢做老板吗？我喜欢现在选择的项目吗？现在选择的项目是否需要特别资格特许经营，我具备

笔记处

相应资格或能力申请到相应资格吗？二是做自己熟悉的事。要想创业成功，就一定要选择自己熟悉的事来做。例如，具备某一类的商品知识、制造技术与从业经验，懂得某种服务性行业的服务要求和服务方法以及相关技术，还要具备相应的经营管理能力与经验，懂得供应商的供货方式。

（二）创业项目的对象

创业项目的对象就是顾客，顾客是企业生存的根本。在创业之初，必须清楚这样几个问题：谁将购买我的产品或服务？我是否十分清楚顾客的购买欲望或购买潜力等基本情况？创办企业的产品或服务面向的顾客是不是特定的人群？是当地、外地还是所有地区都可以销售？创办企业的产品或服务能够满足顾客什么需求？总之，对潜在顾客了解得越清楚，越能对未来创办企业的产品或服务越有利。这是每一个创业者应该特别注意的，尤其对于初创业者而言更是如此。

（三）创业项目的销售渠道

前期工作做得再好，产品或服务没有良好的销售渠道，创业也不可能成功或顺利进行。销售渠道主要有四种：一是间接分销渠道模式，也称为多级分销渠道模式，指自己创办的企业借助中间商将产品传递给消费者，是被采用的最为广泛的一种渠道模式。二是直供模式，指自己创办的企业不通过中间批发环节，直接对零售商进行供货的分销模式。注重模式适合城市运作或公司力量能直接涉及的地区，销售力度大，对价格和物流的控制力较强。三是代理模式，指自己创办的企业在建立渠道的时候通过选择多家经销商或代理商来构建分销渠道，以建立庞大的销售网络。四是平台式渠道模式，指创办的企业以产品的分装厂为核心，由分装厂负责建立经营部，负责向各个零售点供应商品，从而建立以企业为中心的分销网络。

二、创业构思的方法

创业构思不是凭空产生的，需要从实践来，这就要求创业者做足功课，以免创业中后期遇到瓶颈或失败。

（一）思想激荡法

好的创业构思往往来自灵感，所以可以用思想激荡法，进行创业构思。思想激荡法是通过自己思维的无限想象或群体思想的相互碰

笔记处

撞，不断打破常规，冲破藩篱，进而产生自己或群体认知之外的想法。"三个臭皮匠，顶个诸葛亮"就是典型的充满中国文化特点的思想激荡，最终得出意想不到的效果。运用思想激荡法可以是单维进行，即从一个事物出发，进行无限延伸；也可以多维进行，即从几条线进行，从多个角度想问题。当然，单维和多维可以同时进行，相互交互，相互碰撞，相互激荡，更有可能找到自己想要的结果。

（二）调查法

创办企业需要调查周边情况，保证自己创办的企业存在生存空间。调查的对象主要有两方面，一是调查周边的企业分布状况。通过走访自己所创办企业地区的工业区、农贸市场和商业区，具体关注贸易类企业、制造类企业、服务类企业、农林牧渔类企业，把调查结果加以汇总并进行分析，会比较容易地发现自己的创业机会。二是调查周边的环境情况。调查自己创业地区的环境，主要调查的内容包括自然资源能否为创办企业提供原材料、所在地区居民的能力和技能能否为创办企业提供充足而娴熟的人才、工业发展状态能否为创办企业提供上游或下游的端口对接服务机会等。调查的目的只有一个，就是为创办企业提供充足的发展空间和强有力的发展后劲。

（三）经验获取法

经验获取可以通过两种方法，一种是丰富自己的经验。自己的经验是每个人独有的特质。每个人的经验都是一笔巨大的财富，创业时可以充分利用。在利用自己经验的时候，可以以消费者的视角思考自己创业所需要的东西。例如，可以思考在购物过程中的经历、在寻找自己所需要的产品的时候是否花费了大量的时间和精力等。二是别人的经验。此类经验可以在和家人、朋友以及不同民族、社会阶层各类人群的交流中获得。同时，看创业成功者的传记也是获取他人经验的渠道。不管怎么聊，目的是吸取有益的经验，运用到自己的创业中。

（四）网络获取法

信息时代发达的网络为人类提供了巨大的便利。充分利用网络可以节省大量创业构思成本。创业构思来自以下三类网站：一是企业对企业的网站，这类网站上往往会有很多企业对各种产品或服务的求购信息，这些求购信息可以帮助你发现市场需求。二是企业对顾客的网站，这类网站上有数量众多的商家提供很多新奇的产品，如果发现有

笔记处

些产品在你准备创业的地区是买不到的，而且很多人对这些产品非常感兴趣，这也许可以给你提供一个好的创业构思。三是利用信息交流平台，这样的平台经常发布和传递各种需求和供应方面的信息。

三、创业构思的验证

提出的创业构思不一定符合现实需要，这就要求创业者进一步采用科学的方法进行验证。验证创业构思的可行度可以从以下两个方面进行。

（一）内部验证

内部验证指自己所具有的知识、技能和经验，是否符合自己创办企业的要求。创业者可以问自己四个问题：你对自己创办企业的产品或服务了解多少？你用什么知识、技能或经验经营好自己创办的公司？你创办公司的盈利点在哪里？你的素质和能力是否与自己创办的企业适合匹配？

（二）外部验证

外部验证指利用自己创办企业的外部因素以考证创业的可行性。外部验证主要有三方面：一是通过顾客验证。潜在顾客是否充足？顾客的购买力如何？顾客的购买意愿如何？二是通过竞争对手验证。采用什么方法不同于对手的产品或服务？有没有特殊的销售渠道？怎样从同样的竞争中获胜？三是通过资源验证。周边的资源是否能够支撑企业的发展？有没有企业所需要的人才？怎样获取企业发展的信息？

思政拓展

我的创业构思可行吗？

分析你的创业构思，一般有两种方法：实地调研法和SWOT分析法。实地调研就是通过与顾客、供应商和企业界人士的交谈，收集影响创业构思的因素。实地调研时需要注意的因素是交谈对象、面谈技巧、提问内容等方面。现在，假如你已经确定了你的创业构思，请用实地调研法收集相关信息，越多越好，制订你的实地计划，写在下边横线上。

笔记处

创业构思：

我需要查明的情况：

我需要与谁交谈：

我要问的问题：

笔记处

经典寄语

　　一份运转有效的创业计划书，是创业过程中不可或缺的重要元素。创业计划书的科学制订，是在充分掌握创业知识的前提下、对市场做了充分调查、知悉创业计划书的正确撰写方法下进行的。创业计划书对于成功创业具有重要作用，所以创业者需要认真撰写。

故事探微

他为什么会成功[1]

　　大学毕业的小何是江苏省扬州市一家中型商场的老板。当初，他在创办商场时，亲戚朋友都疑惑不解。因为创办之初，商场所在街道十分萧条。但小何仍然坚持自己的做法，如期把商场创办起来了。虽然开业后门庭冷落，生意清淡，亲戚朋友为他捏了一把汗。小何却胸有成竹，这是为什么呢？原来，小何在读大学时养成了看书读报的习惯，对国内外大事非常关心，并喜欢在较高层次上思考问题。

　　小何认为，商场所在地区改革开放速度迅猛，省市领导频频来此视察，经济技术开发区的发展肯定会带动周围经济的发展。同时，为了未来创业成功，小何在大学期间除了学好自己的专业课外，还自学了法律类管理类、营销类、会计类的课程，在知识和技能方面做了充足的准备。大学毕业后，小何就根据在大学学习的创业知识，对商场所在地做了深入的调查，并制定了切实可行的创业计划书。果不其然，后来，该地区的建设进入快车道，抢占先机的小何，其商场已处在中心地段，前景一片光明。

---

❶ 李家华,黄天贵. 高职学生就业与创业教程［M］. 北京:高等教育出版社,
2005：181.

笔记处

问题思考

1. 小何创业成功的原因有哪些?
2. 谈一谈落实创业的关键工作是什么。

知识殿堂

创业计划是保证创业成功的关键因素之一。要想取得创业成功，必须根据创业构思初步确定的创业目标和自身条件拟订一份详细的创业计划书。

一、创业计划书的功能

（一）明确创业目标

在制订创业计划书时，通过对人员配置、财务能力、市场动向、客源目标等情况进行分析与规划，探讨事业发展的可能性，让最初的创业设想不再"天马行空"，将宏观的创业目标进一步细化成为阶段性、具体性步骤，有助于创业者明确自己创业的目的与目标。

（二）明晰创业内容

"空谈误国，实干兴邦"，仅有设想与目标不能保证创业的成功。不少创业者满怀创业激情，也有很好的创业想法，但缺乏将想法落实的认识与能力，因此仍然要面对失败的结果。创业计划书虽无固定的格式，但在制订的过程中，能够使创业者在激情之外，认真考虑投入的成本、预计的收益、持有的资源、面临的风险等创业内容，并进行理性的分析推演。创业计划书能够帮助创业者记录创业的内容、构想与蓝图。

（三）利于募集资金

创业者在创业之初，常常会面临资金的问题。一份详实清楚、规划清晰的创业计划书，能够协助创业者在融资过程中说服合作人、投资人，甚至获得创业基金，这无疑为创业者的成功创业增添了有力砝码。

笔记处

二、创业计划书的要点

创业计划书的要点，主要体现在以下三个方面。

（一）符合主体目标

创业计划书是企业开展的核心，在创业计划中应提供产品或企业服务相关的所有细节，对商品属性进行明确的定义，展现商品和服务中所蕴含的新理念。

（二）关注市场动向

创业计划应对产品的市场进行深入了解，分析产品一旦开始投入市场，是否有经济利益。要准确把握产品投入的地理位置，制订营销计划、公关活动等，并确定每个活动的预算和收益。在创业计划中，创业者应该仔细分析产品的衍生产品、竞争产品等，对于竞争产品的生产企业进行深入了解，学习其优势，对照他们的弱势，反馈自己产品，争取做到最大份额的市场占有量。在创业计划书中要突出企业的优势，如产品质量好、交货快、适度的定位、价格适中等。

（三）明确管理队伍权责与架构

在创业计划中，必须明确主要的管理者，介绍他们的能力、在企业中的职责、过去的经历和背景，分别介绍每个管理者的特点和成就，详细说明每个担任要职的经理会负责企业的日常模块及在创业过程中做出的贡献。另外，创业计划还应明确管理目标和组织结构图。

三、创业计划书的内容及编写步骤

（一）创业计划书的内容

创业计划书应当包括六方面内容。

1.企业名称

创办企业的名称、组织形态等，这是创业最基本的内容。

2.创业目标

可分为长期目标、中期目标、短期目标。

3.资金规划

如创业团队成员出资比例、拟申请银行贷款的数额及用途，以及股份与红利分配方案等。

笔记处

4.财务预估

计划书中应当体现企业成立的3~5年内，预估的营业收入与费用支出情况，注明何时能够达到收支平衡。

5.风险评估

即对创业过程中可能遇到的风险与挫折进行分析。

6.运营策略

如所了解的市场情况、产品的目标定位以及采用何种营销方式等。

（二）创业计划书的编写步骤

创业计划书的编写，是一个展望项目前景的细致探索过程。需要注意的是，并非任何创业方案都要完全包括前文所列的全部内容。创业计划书的编写步骤基本包括以下步骤。

1.经验学习阶段

创办企业不是闭门造车，要多学习。学习的方式主要有：

（1）间接经验学习，主要通过对书上的案例进行认真分析、对比，找出有利于自己创业的内容。

（2）直接经验学习，主要通过对他人企业的现场学习，经过观察、体验、总结，找出对自己创业有益的内容。

2.创业构思阶段

创业构思需要注意创业项目的选择、创业项目的对象和创业项目的销售渠道。只有采用合适的方法，才能产生适合自己的创业构思。产生创业构思的方法有：从思想激荡中产生、从调查中产生、从经验中产生、从网络中产生等。

3.市场调研阶段

市场调研阶段主要调查自己创办企业所在地区周边企业的情况。调查的时候，可以从制造业、经贸业、服务业、农林牧渔业等方面进行，把调查的企业分门别类进行整理、分析，最后找到自己所要创办的企业。

4.方案起草阶段

创业方案全文并不是没有重点，应将整个创业要点抽出来写成提要，然后按下面的顺序将全套创业方案排列起来：

（1）市场机遇与谋略。

（2）经营管理。

笔记处

（3）经营团队。

（4）财务预算。

（5）其他与听众有直接关系的信息和材料，如企业创始人、潜在投资人，甚至家庭成员和配偶。

5.修饰阶段

首先，根据你的报告，把最主要的内容做成一个1~2页的摘要，放在前面。其次，检查内容，千万不要出现错别字之类的错误。最后，设计一个漂亮的封面，编写目录与页码，然后打印、装订成册。

6.检查阶段

可以从以下几个方面加以检查：

（1）创业计划书是否显示出你具有管理公司的经验？

（2）创业计划书是否显示了你有能力偿还借款？

（3）创业计划书是否显示出你已进行过完整的市场分析？

（4）创业计划书是否容易被投资者所领会？创业计划书应该备有索引和目录，以方便投资者查阅各个章节，还应保证目录中的信息流有逻辑性和现实性。

（5）创业计划书中是否有计划摘要并放在了最前面？计划摘要相当于公司创业计划书的封面，投资者首先会看到它。为了保持投资者的兴趣，计划摘要应写得引人入胜。

（6）创业计划书是否在语法上全部正确？

（7）创业计划书能否打消投资者对产品（服务）的疑虑？

如果需要，可以准备一件产品模型。

思政拓展

我是创业者

5个人一组，假设每个人都是创业者，5个人依次说出自己想创业的项目并说明理由、实施计划等，阐述完后，剩下的4个人可以依次从项目的各个方面提出认为存在的困难，由提出想法的人进行问题解决，所有问题都解决成功则认为项目成功实施，否则认为项目失败。

笔记处

创业者一

创业项目：

创业理由：

实施计划：

创业者二认为创业者一项目存在的困难：

创业者一的解决方法：

创业者三认为创业者一项目存在的困难：

创业者一的解决方法：

创业者四认为创业者一项目存在的困难：

创业者一的解决方法：

创业者五认为创业者一项目存在的困难：

创业者一的解决方法：

创业者二

创业项目：

创业理由：

实施计划：

创业者一认为创业者二项目存在的困难：

创业者二的解决方法：

创业者三认为创业者二项目存在的困难：

创业者二的解决方法：

创业者四认为创业者二项目存在的困难：

创业者二的解决方法：

创业者五认为创业者二项目存在的困难：

创业者二的解决方法：

笔记处

创业者三

创业项目：

创业理由：

实施计划：

创业者一认为创业者三项目存在的困难：

创业者三的解决方法：

创业者二认为创业者三项目存在的困难：

创业者三的解决方法：

创业者四认为创业者三项目存在的困难：

创业者三的解决方法：

创业者五认为创业者三项目存在的困难：

创业者三的解决方法：

创业者四

创业项目：

创业理由：

实施计划：

创业者一认为创业者四项目存在的困难：

创业者四的解决方法：

创业者二认为创业者四项目存在的困难：

创业者四的解决方法：

创业者三认为创业者四项目存在的困难：

创业者四的解决方法：

创业者五认为创业者四项目存在的困难：

创业者四的解决方法：

创业者五

创业项目：

创业理由：

实施计划：

创业者一认为创业者五项目存在的困难：

创业者五的解决方法：

创业者二认为创业者五项目存在的困难：

创业者五的解决方法：

创业者三认为创业者五项目存在的困难：

创业者五的解决方法：

创业者四认为创业者五项目存在的困难：

创业者五的解决方法：

单元十四　创办企业的优惠政策、注意事项和类型

📋 任务一　创办企业的优惠政策

💬 经典寄语

　　创业不是简单地创办一个公司或企业。创业除了需要具备基本的内在条件外，还需要时刻关注国家出台的关于创业的优惠政策。创业的优惠政策能够为成功创业起到促进和保驾护航的作用。因此，关注和利用创业的优惠政策是创业者必备的素质要求。

💬 故事探微

勇斗病魔，用汴绣绣出绚丽人生——记丰润区
残疾女孩苗晨❶

　　苗晨，出生于1996年，唐山丰润人。少年时发现身患先天性神经纤维瘤并截肢，以后陆续做过多次纤维瘤切除手术。2014年开始，师从河南开封文化艺术职业学院院长刘瑞红大师，学习汴绣。2018年5月，在丰润区青年中心创业孵化基地成立苗晨汴绣工作室，无偿教授残疾人和下岗女工汴绣技艺。

　　作为一名新时代的青年，虽然病魔缠身，虽然每年的手术费让这个家庭难以喘息，可她自强不息、积极乐观、发奋图强，遇病难而意志坚毅，无论何时都以一颗感恩之心回馈

---

❶ 浭阳书画. 勇斗病魔，用汴绣绣出绚丽人生——记丰润区残疾女孩苗晨 [EB/OL]. 搜狐网，2018-9-14.

职业生涯规划与发展指南

笔记处

社会，奉献社会，永不放弃。

苗晨热心公益事业，用自己的微薄之力积极回报社会，传递正能量。2016年5月在唐山广播电视台著名主持人陶星老师的帮助下，在丰润成立了"星公益"爱心团队，献出自己的爱，传递正能量。2017年，被唐山市残疾人联合会授予"唐山市十佳最美残疾人"荣誉称号。2018年在第三届"中国创翼"创业创新大赛河北选拔专项赛中获得优秀奖。

苗晨说："我是不幸的，也是幸运的。我因为病痛得到了社会无私的爱，我要把这份爱传播出去，让更多的人勇敢面对人生。"

问题思考

1. 大众创业、万众创新背景下，创业扶持政策有哪些？
2. 谈谈你身边的创业扶持项目。

知识殿堂

创业离不开大环境，国家给创业者提供的创业政策支持，将决定创业者能够走多远。因此，时时刻刻关注国家对创业的政策支持，是必须要做的功课。

一、政策扶持

为深入贯彻、落实党中央、国务院决策部署及要求，全力做好稳就业保就业工作，促进高校毕业生更加充分更高质量就业，全国各地均出台就业创业政策解决大学生创新创业实践中的关键问题，提升大学生创新创业能力。

笔记处

（一）免行政事业性收费

对高校毕业生从事个体经营符合条件的，免行政事业性收费。同时，落实鼓励残疾人就业、下岗失业人员再就业以及中小企业、高新技术企业发展等现行税收优惠政策和创业经营场所安排等扶持政策。

（二）提供小额担保贷款

对于创业者而言，创业初期多是开办中小企业，然而中小企业"融资难"一直是制约企业发展的瓶颈。针对这一问题，国家政策对符合相关条件的中小企业创办者提供小额担保贷款。

（三）享受职业培训补贴

要想创业成功，只有创业意愿还不够，还要提高创业者的创业能力，对创业者提供职业培训是提高创业者创业能力的有效途径。为了鼓励支持更多高校毕业生参加创业培训，国家政策指出对有创业意愿的高校毕业生参加创业培训的，按规定给予职业培训补贴。

二、政策优惠

下文列举一些已经落实的创业者比较关心的扶持政策，由于各地优惠政策存在差异，具体内容可向当地人力资源社会保障部门咨询办理。

（1）对首次创办小微企业或从事个体经营，且所创办企业或个体工商户自工商登记注册之日起正常运营1年以上的离校2年内高校毕业生，给予一次性创业补贴。

（2）符合条件的高校毕业生可申请最高20万元的个人创业担保贷款，由财政给予贴息。合伙创业的，可根据符合贷款条件的合伙创业人数适当提高贷款额度。

（3）对10万元及以下的个人创业担保贷款，以及全国创业孵化示范基地或信用社区（乡村）推荐的创业项目，获得社区的市级以上荣誉称号的创业人员、创业项目、创业企业，经金融机构评估认定的信用小微企业、商户、农户，经营稳定守信的二次创业者等特定群体，免除反担保要求。

（4）毕业年度内高校毕业生、登记失业半年以上的高校毕业生，持《就业创业证》（注明"自主创业税收政策"或"毕业年度内自主创业税收政策"）或《就业失业登记证》（注明"自主创业税收政

笔记处

策"），从事个体经营的，自办理个体工商户登记当月起，在3年内按每户每年12000元为限额依次扣减其当年实际应缴纳的增值税、城市维护建设税、教育费附加、地方教育附加和个人所得税。限额标准最高可上浮20%，各省、自治区、直辖市人民政府可根据本地区实际情况在此幅度内确定具体限额标准。

（5）政府投资开发的孵化基地等创业载体安排一定比例场地，免费向高校毕业生提供。

（6）获得培训支持。高校毕业生自主创业可参加创业培训，符合条件的可按规定申领补贴。

（7）高校毕业生灵活就业的可申请获得灵活就业社会保险补贴。

在相关国家政策的扶持下，一些高校也结合自身实际，走出了自己的特色。如有的高校对学生从入校到离校，实施"三步走"的就业规划动态指导：一年级就业宏观规划、二年级就业技能规划、三年级就业定制规划。"三步走"就业规划工作方法极大提升了就业工作的精确指导性。又如有的高校举办创业大讲堂，常常组织创新创业导师深入校园举办创新创业讲座，进行创业政策解读、经验分享、实践指导等。

思政拓展

明晰创业轮廓图

下面的创业轮廓图将帮助你明确自己的创业目标。

1. 企业名称及建立的日期：＿＿＿＿＿＿＿＿＿＿＿＿＿＿

2. 企业形式为：□个体　　□有限责任公司　　□股份有限公司

3. 我的顾客主要是：□个人　　□团体　　□公共机关　　□其他（简述）＿＿＿＿＿＿＿＿＿＿

4. 目前的产品和服务包括：＿＿＿＿＿＿＿＿＿＿＿＿＿

5. 我的五个最主要的竞争对手是：＿＿＿＿＿＿＿＿＿

6. 可能的竞争来自：□其他公司　　□技术　　□行业人员

7. 我的竞争地位：□弱　□较弱　□平均水平　□较强　□强

8. 对我的产品或服务的需要在递增/递减：＿＿＿＿＿＿＿

9. 我可能引进的产品或服务是：＿＿＿＿＿＿＿＿＿＿＿

10. 我可能进人的市场是：＿＿＿＿＿＿＿＿＿＿＿＿＿

笔记处

11.本企业与众不同的是：＿＿＿＿＿＿＿＿＿＿＿＿

12.当前企业最大的营销障碍是：＿＿＿＿＿＿＿

13.我最大的营销机会是：＿＿＿＿＿＿＿＿＿＿＿

14.我的总体经营目标和增长计划是：＿＿＿＿＿

☑ 任务二　创办企业的注意事项

💬 经典寄语　✈

创办企业不是一蹴而就的，不能没有重点，要学会分清主要问题和次要问题，多关注创办企业的注意事项，才能使创业有条不紊，走向成功。

💬 故事探微　✈

小海的创业准备 ❶

　　小海生活在一个小城市的贫困家庭，父母双双下岗。他学的是电子电器维修专业，入学后下决心要学好技术，毕业后挣钱缓解家庭困难。小海学习刻苦，常跟在老师后面问东问西。他热心为集体工作，参加了学校成立的"技术坊"，负责某品牌电器的售后服务及维修。在痴迷于电子电器维修的同时，他十分留意"技术坊"管理，关注家电行业动态。

　　毕业前夕，一家知名的家电企业来招聘，开会时，音响设备出现了故障。小海赶到前台几分钟就把故障排除了。面试时，小海表现出色，招聘人员当场决定录用。他在岗位上不仅尽职尽责，还留意进货、品种、定价、售后服务等环节。三年后，小海带着自己省吃俭用存下的钱回乡创业，又向银行贷款办起了小海家电商场。开张不久，赶上国家推进

❶ 蒋乃平. 职业生涯规划［M］. 北京：高等教育出版社，2013：142.

职业生涯规划与发展指南

笔记处

家电下乡政策。"小海家电"既能真诚地为顾客介绍各品牌的特色和性价比，又能提供细致入微的售后服务，在当地口碑很好，顾客络绎不绝。

问题思考

1.创办公司的准备事项有哪些？

2.创办企业的有利变化有哪些？

知识殿堂

一、创办公司流程与内容

（一）组织公司股东

股东即是公司的出资人，也称为投资者，成立一家公司首先要组织一定数量的投资者。除国家有禁止或限制的特别规定外，有权代表国家投资的政府部门或机构、企业法人、具有法人资格的事业单位和社会团体、自然人都可以成为公司的股东。

（二）确定公司名称

申请名称预先核准时应当提交全体股东签署的公司名称预先核准申请书和股东的法人资格证明或者自然人的身份证明。

（三）确定公司地址

确定公司地址需注意以下五个方面事项。

（1）公司的地址必须跟递交申请的注册机构的级别相一致。

（2）公司地址所在地必须具备完整的产权证明文件。产权证明文件一般指房产证。

（3）一个地址只能注册一家有限公司，如果选择的地址已经注册过一家公司且该公司现在还没有搬走或注销，那么此地址不能用来再注册一家公司。即使是原来的公司搬走了，也要确认那家公司有没有

笔记处

办理地址变更手续。

（4）有些地区的工商局对注册有限公司的房屋档次有所要求，在注册之前必须了解当地的规定，或者到工商局咨询。

（5）如果公司地址所在地的所有权不属于任何一个股东，那么必须由其中一个股东和业主签订租赁合同。租赁合同一般要签一年以上或协商决定。

（四）确定公司经营范围

经营范围指国家允许企业法人生产和经营的商品类别、品种及服务项目，反映企业法人业务活动的内容和生产经营方向，是企业法人业务活动范围的法律界限，体现企业法人民事权利能力和行为能力的核心内容。

（五）确定股东的出资

确定各位股东的出资方式及比例说明，例如货币、实物、知识产权、非专利技术等。股东出资也必须符合相关要求。

（六）确定公司的组织管理机构

确定股东大会、董事会、监事会、经理等不同机构、不同身份的职权、职责等加强对公司的管理。

（七）确定公司的法定代表人

确定公司法定代表人时，需注意以下自然人不担任做公司法人。

（1）无民事行为能力或者限制民事行为能力。

（2）因犯有贪污、贿赂、侵占财产、挪用财产罪或者破坏社会经济秩序罪，被判处刑罚，执行期满未逾五年；或者因犯罪被剥夺政治权利、执行期满未逾五年。

（3）担任因经营不善破产清算的公司、企业的董事或者厂长、经理，并对该公司、企业的破产负有个人责任的，自该公司、企业破产清算完结之日起未逾三年。

（4）担任因违法被吊销营业执照的公司、企业的法定代表人，并负有个人责任的，自该公司、企业被吊销营业执照之日起未逾三年。

（5）个人所负数额较大的债务到期未清偿。

（6）国家公务员不得兼任公司的董事、监事、经理，也不得担任公司法定代表人。

（八）制定公司章程

公司章程是关于公司组织和行为的基本规范。公司章程不仅是公

笔记处

司的自治规章，而且是国家管理公司的重要依据。公司章程是注册一家公司最主要的文件之一，它由股东共同制定，经全体股东一致同意，由股东在公司章程上签名盖章。公司章程对公司、股东、董事、监事、经理具有约束力。公司章程具有三方面作用。

（1）公司章程是公司设立的最主要条件和最重要的文件。

（2）公司章程是确定公司权利、义务关系的基本法律文件。

（3）公司章程是公司对外进行经营交往的基本法律依据。

二、创办企业命名规则

（一）查名准备

创业者开办公司的第一步是将拟定好的公司名称进行查名准备，通常将拟定企业的名称用专业术语表达为字号，它是公司名称构成的核心要素。选用公司字号时要注意以下三点要求。

（1）字数控制在两个中文字到六个中文字之间（包含两个字和六个字）。

（2）注意相同行业已经注册过的企业字号不能再向工商部门申请注册。

（3）未经授权的驰名商标不能作为字号使用。如东莞某某技术创新有限公司，它的结构=地域（东莞）+字号（某某）+行业（技术创新）+公司类型。

大多数新办企业的名称构成离不开这四大部分，字号不能少于两个字，多于六个字也不能使用英文和数字字符代替。当名字确定后就可以在网络上查询公司名称有无字号相同的行业注册过。

（二）公司名称核准

名称核准需要准备好以下的资料：

（1）经过查名的公司名称。

（2）所有股东的身份证信息。

（3）所有股东的持股比例分配。

（4）注册资金。

（5）经营范围。

准备好以上资料就可以上传工商局官方系统进行网络核名了，等待批准通过的时间大概是3个工作日。

笔记处

创业要素知多少

下面是"一次性水杯和餐具"的创业案例，请仔细阅读回答问题。

随着时代的不断进步，人们的环保意识也在不断提高。一次性餐盒、水杯的大量使用，虽然很方便卫生，但是这不可降解的"白色污染"也着实令人头疼。现在环保部门正逐步要求用纸质餐具替代不可降解的塑料餐具，意欲清除"白色污染"。

据统计，现在我国每年仅一次性水杯和餐具的消费量就有270亿个。纸质餐具的利润率高，同时，成本与塑料餐具相当，在价格上有竞争力，且在不久的将来，纸质餐具将完全取代塑料餐具，既能赚钱，又支持了环保事业，确实是一个好项目。

实施方案

（1）选址：在离市区较近的近郊租一间50～60平方米的厂房。一是可以节约租金，二是方便运输，节约成本。

（2）装修：厂房进行一般的装修即可。

（3）采购：购置纸质餐具成型机两台，其他用具若干。

（4）办证：办理营业执照等。

（5）雇工：雇请员工两名即可。

（6）投资预算：首期投资表、厂房租金（两押一租）6000元、装修3000元、设备购置（纸质餐具成型机等）40000元、证照办理1000元、流动资金10000元、投资总额60000元、收益分析、每月运营表、房租2000元、雇工（1人）1600元、固定支出、原料进货2000元、杂费500元、月生产额12000元、月利润5900元。

营销要点

（1）办小型纸质餐具加工厂，首先要办理生产经营的手续，所以证照办理一定要齐全。

（2）一定要保证产品质量，因为商家都喜欢质量好又便宜的产品。

（3）可以与一些快餐店做好联系，因为快餐店用这种餐具的大客户。

笔记处

【回答问题】

在该创业案例中，涉及创业要素的具体内容是

资源：

创业者能力：

市场：

产品和服务：

技术需要：

组织团队要求：

商业机会：

笔记处

任务三　创办企业的类型与形态

经典寄语

选择合适的企业组织形态是创业成功不可缺少的一个因素。作为现代企业的组织形式，一旦能够组织成功，对于创业团队成员在知识、技能和经验等方面，将起到互补作用，对于企业职能的发挥具有重要意义。

故事探微

传承传统技艺的周会娟[1]

二十多年来，河南开封尉氏县两湖街道文萃汴绣厂厂长周会娟，凭着一股永不服输的闯劲儿，艰苦创业、搏击商海，演绎了精彩的创业人生，带领乡邻致富，受到群众广泛称赞。

周会娟在一次参加培训中，学习了汴绣技艺，从此和汴绣结下了不解之缘，她先后师从河南汴绣非物质文化遗产传承人韩玉琴老师和苏绣大师王建琴老师，擅长汴绣和苏绣多种技法，作品屡获奖项，曾获开封市宋都杯汴绣技能大赛技术能手，并成为"河南省民间文艺家协会会员"。周会娟学成后，开始自主创业，随着订单量的猛增，她逐渐从"家庭作坊"向正规企业过渡。

授人以鱼，不如授人以渔，周会娟主动承担起社会责任，以"巧媳妇"工程为抓手，结合当地群众实际情况，到各乡镇办培训点，免费培训刺绣技能，定期回收产品。共培养刺绣人才5000余人，带动周边2000多名家庭妇女就业，解决了孩子留守、老人空巢这个大问题，为乡村振兴贡献了

---

[1] 舒靓. 河南尉氏县"巧媳妇"传授汴绣技艺，带动乡邻致富擎起创业"半边天"［EB/OL］. 中国日报中文网，2022-8-12.

笔记处

力量。

目前，文萃汴绣厂的生产车间约300平方，绣工50余人，形成了从设计、绘图、制版、刺绣、装裱、销售一条龙企业规模，年产值达百余万元，辐射带动下岗职工、农村妇女就业，先后被评为尉氏县创业就业工程示范基地、河南省"巧媳妇"工程示范基地。

问题思考

1. 你认为周会娟创立的是哪类企业？

2. 你知道企业的法律形态有哪些吗？

知识殿堂

一、认识企业

企业是从事生产、流通或服务性活动的独立核算经济单位。它是依法设立的经济组织，是在商品经济范畴中，按照一定的组织规律，有机构成的经济实体，一般以营利为目的，以实现投资人、客户、员工、社会大众的利益最大化为使命，通过提供产品或服务满足社会需求，以换取收入和盈利。企业是社会发展的产物，因社会分工的发展而成长壮大。

二、企业的常规类型

企业根据不同的标准也可以分为不同的类型。

（一）根据企业规模划分

根据企业规模大小不同，可分为大型企业、中型企业、小型企业。

笔记处

（二）根据企业组织形式划分

根据企业组织形式不同，可分为个体企业、合伙制企业、股份制企业。

（三）根据经济成分划分

根据经济成分不同，可分为国有企业、集体企业和私营企业。

（四）根据资源密集程度划分

根据资源密集程度不同，可分为劳动密集型企业、资金密集型企业和技术密集型企业。

（五）根据经营性质划分

根据经营性质不同，可以分为工业企业、商业企业、农业企业、金融保险企业、房地产开发企业，交通运输企业、旅游服务企业、餐饮娱乐企业、邮电企业、中介服务业等。

三、企业的法律形态

高职生在创立企业的时候，需要了解企业作为组织，必须具有的法律形态，也就是说，必须决定企业的形式。为此，需要了解我国企业的法律形态，学习并比较每一种法律形态的特点，这将有助于高职生为自己将要创办的企业选择一种最适合的法律形态。

（一）企业法律形态的概念

企业法律形态指国家法律规定的企业组织形式，即企业在市场环境中存在的合法身份。可见，企业法律形态是由法律规定的企业形态，设立企业只能选择法律规定的企业组织形式，不能随心所欲地塑造企业形态。但企业的法律形态不是一成不变的，在不同时期会发生不同变化。

（二）企业法律形态的种类

我国企业的主要法律形态有股份有限责任公司、合伙企业、个人独资企业、个体工商户、外资企业、中外合作企业、乡镇企业、股份合作制企业、农村承包经营户、农民专业合作社等。不同的企业法律形态有着不同的设立条件和注册资本限额，主要企业法律形态有三个。

1.有限责任公司

有限责任公司又称有限公司，指符合法律规定的股东出资组建，

笔记处

股东以其出资额为限对公司承担责任，公司以其全部资产对公司的债务承担责任的企业法人。

有限责任公司的特点主要包括七点。一是组建手续相对复杂。二是有限债务责任。公司债务是法人的债务，不是所有者的债务，所有者对公司承担的责任以其出资额为限，当公司资产不足以偿还其所欠债务时，股东无须承担连带清偿责任。三是容易转让所有权。四是公司制企业可以无限存续，一个公司在最初的所有者和经营者退出后仍然可以继续存在。五是融资渠道较多，更容易筹集所需资金。六是需要缴纳企业所得税。七是公司所有权与经营权分离，可以实现专业化管理。

2.合伙企业

合伙企业，是指自然人、法人和其他组织依照《中华人民共和国合伙企业法》在中国境内设立的普通合伙企业和有限合伙企业。合伙企业由各合伙人订立合伙协议，共同出资、合伙经营、共享收益、共担风险，并对合伙企业债务承担无限连带责任。

合伙企业的特点主要包括六点。一是组建与解散程序简单，签订了合伙协议就宣告了合伙企业的成立。二是无限债务责任合伙，企业作为一个整体，对债权人承担无限责任，作为普通合伙人需对合伙企业的债务承担无限连带责任，三是存续期有新合伙人的加入、旧合伙人的退伙、死亡、自愿清算、破产清算等均可造成原合伙企业的解散及新合伙企业的成立。四是合伙人互为代理。合伙企业的经营活动由合伙人共同决定，合伙人有执行和监督的权利，每个合伙人代表合伙企业所发生的经济行为，对所有合伙人均有约束力。五是财产共有，利益共享。合伙人投入的财产，由合伙人统一管理和使用。合伙企业在生产经营活动中所取得、积累的财产，归合伙人共有，如有亏损则由合伙人共同承担。损益分配的比例，应在合伙协议中明确规定。六是无须缴纳企业所得税，合伙人需按各自的应税所得缴纳个人所得税。

3.个人独资企业

个人独资企业，简称独资企业，指由一个自然人投资，全部资产为投资人所有的营利性经济组织。独资企业是一种很古老的企业形式，至今仍广泛运用于商业经营中，其典型特征是个人出资、个人经营、个人自负盈亏和自担风险。主要存在于零售业、手工业、服务业

笔记处

和家庭作坊等。

独资企业的特点主要包括四点：一是组建与解散程序简单。二是企业主对企业的债务负无限责任。当企业的资产不足以清偿其债务时，企业主需以其个人财产偿付企业债务。三是企业的规模有限。独资企业有限的经营所得企业主有限的，个人财产、企业主一人有限的工作经历和管理水平等都制约着企业经营规模的扩大。四是企业存续期有限。独资企业的程序完全取决于企业主个人的状况，企业主一旦退休，原企业即告终结，即使有人继承也需要重新注册，因此说独资企业的寿命是有限的，无须缴纳企业所得税，企业主个人应缴纳个人所得税。

不同的企业法律形态有不同的内涵，高职生在创业选择企业法律形态时，可从业主数量和注册资本，成立条件，经营特征，利润分配和债务责任四方面认定。

思政拓展

请你做创业参谋

假如你的爸爸、叔叔、舅舅三人准备分别出资30万（现金）、20万（专利技术折价）、10万合办一家服装厂。请你为他们选择一种企业形式，并为他们顺利办成和经营做参谋。

你为他们选择哪种企业形式？为什么？

要给服装厂起一个名字，你有什么好的建议？

笔记处

服装厂的选址你有什么建议？

公司股份结构如何安排？股东会和董事会你觉得如何安排比较妥当？

你认为公司注册过程中应注意哪些问题？

笔记处

REFERENCE

参考文献

［1］周明星，咸桂彩. 现代职业生涯设计［M］. 北京：清华大学出版社、北京交通大学出版社，2007.

［2］蒋乃平. 职业生涯规划［M］. 北京：高等教育出版社，2013.

［3］本书编写组. 思想道德修养与法律基础［M］. 北京：高等教育出版社，2018.

［4］本书编写组. 党的二十大报告学习辅导百问［M］. 北京：党建读物出版社、学习出版社，2022.

［5］胡培根. 大学生就业指导与职业生涯规划［M］. 北京：北京邮电大学出版社，2012.

［6］付中承. 职业生涯规划［M］. 郑州：河南大学出版社，2008.

［7］马克思，恩格斯. 马克思恩格斯选集（第一卷）［M］. 北京：人民出版社，1995.

［8］庄明科，谢伟. 大学生职业生涯规划［M］. 2版. 北京：中国人民大学出版社，2019.

［9］廖建军. 试论爱因斯坦的教育观［J］. 湖南师范大学社会科学学报，1997（2）：122-124.